Oskar Schrod

Blaubeeren und Rehfüßchen

Anekdoten und Gedichte aus Pommern

Oskar Schrod

Blaubeeren und Rehfüßchen

Anekdoten und Gedichte aus Pommern

BELLAVISTA

Oskar Schrod: Blaubeeren und Rehfüßchen – Anekdoten und Gedichte aus Pommern

ISBN 3-937617-10-8

Entstanden mit Unterstützung durch:
Der Buchschreiber
Von-Anckeln-Straße 17
D-21029 Hamburg
www.buchschreiber.de

Gesamtherstellung: Elbe Werkstätten GmbH, Hamburg
Printed in Germany

Inhalt

Wellen

Dort hinter den hohen Dünen
liegt mein Heimatland.
Wo salz'ne Wellen schlagen
am schönen Ostseestrand

Und die Welle rauschet,
ihr Klang dringt weit ins Land.
Kein Pommer seine Heimat tauschet,
eine schönere er niemals fand.

Rehfüßchen

Rehfüßchen wachsen nach einem warmen Regenschauer besonders schnell. Am Morgen abgesuchte Stellen können nachmittags schon wieder gute Ergebnisse bringen. Dieser goldene Pilz liebte einen warmen, feuchten Moosboden, aber auch in Buchenwäldern unter den trockenen Blättern, sogar auf Sandwegen war er zu Hause. Er wuchs eigentlich überall und stellte keine großen Ansprüche, sein Eiweißgehalt deckte den Bedarf für das ganze Jahr. Getrocknet oder sauer eingelegt wurde der Pfifferling mit seinem Pfeffergeschmack ein köstlicher Genuss. Wie es hieß, konnte man Rehfüßchen dreimal essen, sie waren eben schwer verdaulich.

Im kindlichen Alter von sechs Jahren hatte ich ein dramatisches Erlebnis. In dem großen Wald von Barnow zur Stolper Grenze hin war es eines Tages meiner Mutter Ziel, Pilze zu sammeln, und ich durfte sie begleiten. Im Wald kannte ich keine Furcht und erfreute meine Mutter immer mit tollen Späßen. Frühmorgens brachen wir auf, denn weite Wegstrecken mussten zurückgelegt werden. Bis zum Mittag hatten wir zwei große Kartoffelkörbe mit Pfifferlingen voll gesammelt und sie unter einer dichten Tanne abgestellt. Unser Vater kannte die Stelle und wollte die Pilze am Nachmittag abholen.

Meine Mutter konnte Pfifferlinge riechen, und so führte ihre Nase sie immer weiter in den tiefen Wald. Der nächste Korb war gefüllt und nun wollte sie auch noch die Schürze voll sammeln, als wir plötzlich ein furchtbares Donnern hörten. Wir dachten an ein Gewitter, doch über uns hinweg sprang ein Rudel Hirsche. Kein Fuß dieser Tiere hatte uns berührt. Meine Mutter war so erschrocken, dass sie nun die Orientierung im Wald verlor, immer im Kreis lief und sich weiter von der vereinbarten Stelle entfernte. Auf unseren vereinbarten Erkennungspfiff bekamen wir keine Antwort vom Vater. Langsam erkannten wir, dass wir uns verlaufen hatten und mit den vielen Pilzen nicht mehr weiter kamen. Wir setzten uns unter eine großen Kiefer. Es dämmerte bereits, ein Weitergehen war sinnlos.

Ich war eingeschlafen und meine Mutter ließ unseren Erkennungspfiff noch öfter ertönen. Es ging auf die Geisterstunde an. Meine Mutter glaubte daran, hörte allerlei Geräusche und plötzlich ein jämmerliches Klagen. Sie war der festen Überzeugung, dass mein Vater umgebracht würde. Mein Vater, der seinerseits auch Geräusche hörte, glaubte uns in Gefahr. Er hatte unsere Körbe gefunden, nach Hause gebracht, sich mit einer Laterne ausgerüstet und suchte uns nun mit Hilfe meines Bruders. Glücklich sahen wir den Schein der Laterne näher kommen. Ich bekam vom Vater noch ein Stück Hasenbrot und dann trabten wir nach Hause.

Am Morgen ging mein Vater zur Polizei, um den vermeintlichen Mord zu melden. Der Förster wurde verständigt, der sich nach der Befragung aber vor Lachen nicht mehr halten konnte und uns über das Wehklagen in der Nacht aufklärte. Wir hatten uns in das Gebiet eines Uhu-Pärchens verirrt. Sie hatten uns als Eindringlinge gesehen und uns das Fürchten beigebracht.

Appetit

Genügsam speist ein Pommer
im Frühjahr und im Sommer,
aber kommt der Herbst herbei,
dann isst er oft für zwei.

Eine Forelle wollte ich fangen

Die Muglitz, unser drei Meter breiter, mit Erlen bewachsener Grenzbach zwischen Ganskow und Ballenberg, hatte bis 1945 noch zwei aus Holz gebaute, funktionsfähige Staustufen zum Berieseln der Ganskower Wiesen. Auf Ballenberger Seite war die Berieselung schon 1936 eingestellt worden, da der Arbeitsaufwand zu groß war.

Dreimal im Jahr wurde die Muglitz für vierzehn Tage gestaut. Das Wasser lief in kleinen Kanälen über die Wiesen und ließ das Gras schnell wachsen. Der Arbeitsaufwand war groß und viel Zeit wurde benötigt, um die Wiesen mit der Handsense zu mähen und das Heu mit Traggestellen zum Abtransport auf sicheren Wegen zu bringen.

Eine an unserer Wiese nicht mehr funktionsfähige Staustufe war dem Verfall preisgegeben. Unter den Bohlen tummelten sich Wasserratten und darüber stand immer eine armlange Forelle, die ich schon lange versucht hatte, mit der Angel zu fangen, die aber auf keines meiner fetten Angebote einging. Nun versuchte ich es mit einer anderen Methode und lieh mir von unserem Nachbarn Pommerening eine Flügelreuse aus, stellte sie einhundert Meter flussaufwärts im Gebiet der Fischotter auf. Mit der Hilfe vieler Freunde, die für so eine Sache immer gleich zur Stelle waren, gelang uns das Kunststück, eine neun Pfund schwere Forelle in die Reuse zu jagen.

Als die Arbeit vollbracht war und das Taschenmesser die weitere Funktion übernahm, stellten wir mit Erstaunen fest, dass sich in ihrem Magen drei schon fast verdaute Wasserratten befanden. Nun tat es uns leid, und keiner wollte den Braten mit nach Hause nehmen. So wanderte der stolze Jäger in den Kessel für das Schweinefutter.

Pommerns Enkel

Wer kennt noch unser Ahnen Brauch,
spricht noch der Heimat Dialekt.
Wer isst noch fetten Schweinebauch
oder weiß, wie geräucherte Gänsebrust schmeckt.

Wer kocht noch selber Kreude ein,
isst Grützwurst und macht Sauerkraut.
Wer sitzt noch am Abend bei Schummerschein,
oder noch ein Handschlag traut.

Wer kennt noch die Lungwurst,
die in der Buttermilchsuppe heiß gemacht.
Wer trinkt noch Wasser, wenn er Durst
und keine Angst, wenn er am Totenbett wacht.

Wer glaubt noch an den Poltergeist,
an die Fee im Roggenfeld.
Wer weiß, wie man einen Klitschkenbock abreißt
oder einen Hering pellt.

Was ein jeder aber wissen sollt:
was Pommerns schönster Brauch.
Es ist kein Geld und auch kein Gold,
es ist ihr sparsam Wortgebrauch.

Heimat

Mein Heimatland hat Seen tief,
der Oderstrom durchs Haff sich plagt.
Im tiefen Wald der Uhu rief,
als würd' ein Mensch im Tod beklagt.

Der Wind spielt mit dem losen Sand,
ins Land die hohen Dünen ragen.
Die Küste zeigt ein weißes Band,
als zögen Wolken auf Himmelsbahnen.

Die Sonne rot zur Abendstund',
die Nacht so sternenklar.
Der Hahnenschrei tat den Morgen kund,
im frischen Tau ein Glitzern war.

Der Winter kam mit weißer Pracht,
deckt grüne Saaten schützend zu.
Seine Kraft in manchen Seen klafft,
und bracht den Pommern nötig Ruh!

Blaubeerzeit

Die ersten Jahre meiner Kinderzeit verbrachte ich im Dreiländereck der Kreise Rummelsburg, Bütow und Stolp, im schönsten Waldgebiet Pommerns. Alt-Kolziglow war das Herzstück, das einen Bahnanschluss an die großen Städte des Reiches hatte.

Unter den alten Kiefern in diesen Wäldern wuchsen die hohen Stauden der köstlichen Blaubeere. Ihr Bestand wurde von den Förstereien gepflegt und behütet wie ein Juwel. Jeder Sammler musste einen Blaubeerschein für drei bis fünf Reichsmark monatlich erwerben und sich umweltbewusst verhalten, sonst drohte der Entzug des Scheines.

1932 wurde ich eingeschult. In dieser Zeit herrschten in Pommern noch Hunger und Arbeitslosigkeit, auch wir waren davon betroffen. Scharenweise zogen Frauen, Kinder und Greise von Alt-Kolziglow an Barnow vorbei, über die Stolpe und Kamenz in die Wälder des Kreises Bütow. Hier konnte man die besten Ergebnisse erzielen und brauchte die vollen Körbe mit den Blaubeeren nicht bis Alt-Kolziglow zu tragen. An den Wegen standen die Aufkäufer mit ihren Fuhrwerken bereit, zahlten aber bis zu drei Pfennige weniger für das Pfund. Um nicht immer Hunger leiden zu müssen, schwänzte ich die Schule, schloss mich älteren Frauen an und zog mit ihnen kilometerweit zu dem blauen Gold.

Die ersten Beeren wanderten gleich in den Magen und dann erst in den großen Korb, der nie voll werden wollte, aber manches Mal doch für ein Brot von 50 Pfennig reichen sollte. Freudig legte ich meine Gabe der Mutter auf den Tisch. Sie konnte mir nicht böse sein, und mein Vater erfuhr es gar nicht. Tagelang zog ich an der Schule vorbei, versteckte die Tafel mit Griffel, und wenn ich dann zur Schule gebracht wurde, verbrauchte der Lehrer seinen ganzen Vorrat an Stöcken. Wer kann schon mit hungrigem Magen lernen?

Sonntagmorgens zog meine Mutter mit uns sieben Kindern gemeinsam in den Wald und wir pflückten den ganzen Tag über einen Zentner Blaubeeren. Das Geld wurde für die Tilgung der Schulden benötigt, die sich im Laufe des Winters angesammelt hatten. An der Brücke, wo die Kamenz in die Stolpe fließt, reinigten wir mit Bimssteinen, die dort im Wasser lagen, unsere Hände und Münder, rissen uns die Klitschkenböcke ab und zogen sauber und müde mit ein paar Mark in der Tasche nach Hause.

In Alt-Kolziglow gingen in der Hochsaison täglich zwei Güterwaggons mit Blaubeeren auf die Reise nach dem Westen, oft auch noch ein Waggon mit Preiselbeeren. Tausende Menschen konnten mit diesem Nebenerwerb Hunger und Armut in den Regionen Pommerns lindern.

Der Pommersche Kiefernwald war ein Juwel und nicht mit Gold und Silber aufzuwiegen. Preisel- und Blaubeeren waren unsere Perlen, Pfifferlinge unser Gold und das Holz der Kiefer unsere Sonne.

Lontzke Düne

Eine Düne sich aus dem Meer erhebt,
ihr Bild mit Schönheit bedacht.
Ein Geist nach einer Sage lebt,
über Meer und Leben wacht.

Im Dünensand träumt ich so gern,
ließ mich vom Wellenschlag berauschen.
Ein Glockenklang erschallt von fern,
entzückt der Möwe Schrei zu lauschen.

Wie oft ging ich im losen Sand,
befreit von Kleid und Schuh.
Der Wind hier keine Ruhe fand,
weht all meine Spuren zu.

Gern wander ich noch in hohen Dünen
und denke an mein Pommernland.
Muss für der Väter Unrecht sühnen,
mein Leiden liegt in Gottes Hand.

Störche in Ballenberg

Störche waren für uns Kinder immer der Inbegriff einer Freude. Wenn der erste Storch nach dem langen Winter über dem Dorf kreiste, wurden die Wintersachen eingemottet. So schön, wie der Winter auch war, freuten wir uns doch sehr auf den Frühling. Flog mal ein Storch übers Haus, riefen wir Kinder: »Storch, du Guter, bring uns einen Bruder« oder »Storch, du Bester, bring uns eine Schwester!«

Unser Haus befand sich genau in der Einflugschneise und wurde besonders oft überflogen. Störche wurden nicht nur als Glücksbringer betrachtet. Sie hatten auch sehr nützliche Eigenschaften. In der Heuernte, an warmen Sommertagen waren sie unsere ständigen Begleiter. Man konnte sie bald anfassen, für uns eine Beruhigung.

Seine Jagd galt der Kreuzotter. Hatte er eine entdeckt, streckte er der Schlange den Flügel hin und ließ sie hinein beißen. Dabei lief der Storch um die Schlange herum, damit sie nicht ausreißen konnte. Ein Schlag mit dem Schnabel und die Beute gehörte dem Storch.

Einige Ballenberger wissen noch, dass im Sumpfwald zur Ortsgrenze Richtung Zarnefanz

Schwarzstörche zu Hause waren. Um diese Nistplätze zu erreichen, musste man durch ein gefährliches Sumpfgebiet. Die Brutplätze lagen in den Spitzen hoher Bäume, ihre Mahlzeiten holten sich die Schwarzstörche eine Etage tiefer bei den Fröschen in den Sümpfen.

Von einer ganz besonderen Rettung eines Storches möchte ich berichten: Drei Störche saßen auf dem 38 Meter hohen Brennereischornstein. Als plötzlich ein Vierter dazu kam, wurde der Platz zu knapp und der Storch fiel in den Schlund hinein. Den wachsamen Augen von Otto Upadeck war das nicht entgangen. Für ihn und seine Freunde Hans und Heinz stand sofort fest, dass sie das Tier aus seiner Zwangslage befreien mussten. Sie suchten unverzüglich den Brennereimeister Hoffmann auf.

So ganz einfach war die Sache aber nicht, denn vom Heizofen bis zum Schornstein musste man durch einen zehn Meter langen und einen nur einen halben Meter breiten Tunnel, den so genannten Fuchs, kriechen. Rein ging es noch so leidlich, aber der Rückweg war schon schwieriger. Mit einem verletzten Storch, der mit den Flügeln immer in die Asche schlug, quälte sich Otto durch den Fuchs. Die mühsame Rettungsaktion hatte sich aber gelohnt. Beide bekamen ein Persilbad, der Storch noch eine Schiene an seinen Flügel und sechs Wochen Kost und Logis bei Upadecks. Seitdem war der Storch Stammgast bei der Familie.

Kinderrätsel

Wer steht so gern auf einem Bein
und träumt vom fetten Fröschelein.
Im Winter wird es ihm zu kal,
drum zieht er in den Süden bald.
Kommt wieder, wenn es blüht und taut,
sein Nest er auf dem Dache baut.
Er ist der Kinder bester Gast,
sein Federkleid recht zu ihm passt.
Oft ist er euer Guter und Bester,
wenn er bringt Bruder oder Schwester.
Ratet, liebe Kinder, nun,
wer alles dieses wohl kann tun.

?

Die vorgetäuschte Badehose

In Pommern gab es schöne und seltene Kinderspiele. Zu jeder Jahreszeit hatten wir ein passendes Spiel bereit. Nach den ersten Schuljahren war die Schonzeit vorbei, und fleißig mussten wir in der Landwirtschaft mithelfen, um ein segensreiches Jahr zu schaffen. Unsere Spielstunden waren somit begrenzt, wir ließen aber keine Gelegenheit aus, um uns mit Spielen zu erfreuen.

Ein Messer gehörte in die Hosentasche eines jeden Jungen. Wir schnitzten kleine Boote aus Borke, setzten einen Mast darauf und ließen es auf der Muglitz durch Kolks und Hindernisse fahren, mit der Hoffnung, dass die Boote in die Persante bis zur Ostsee kommen würden.

Unter den ausgespülten Wurzeln der Erlen jagten wir nach Forellen und Lachsen, die zum Quellgebiet zogen, um zu laichen. An heißen Tagen badeten wir in den kühlen Kolks und ließen uns in die Tiefe ziehen, um einige Meter weiter wieder an die Oberfläche zu kommen.

Aus saftigen Weidenästen schnitzten wir herrlich klingende Flöten. Damit sie auch gut gelangen, sagten wir unseren Spruch dazu:

Sup sup su er,
gif en Flu er,
gif en Flöt,
dat si auch god geroren dät.

Dabei klopften wir mit dem Messerschaft auf die Rinde, um sie vom Holz zu lösen.

Sieben schön im Wald und Feld gelegene Teiche bezogen wir in unser Spielrevier mit ein. Ein beliebter Teich lag am Wege nach Strutzmin in Pommerenings Acker. Mit Kartoffelkörben fischten wir im Wurzelwerk der Weiden nach Karauschen und fingen uns die fingerlangen Blutegel ein. Abreißen war nicht möglich, es half nur eine heiß gemachte Messerklinge oder ein Brennglas zum Ablösen des Egels.

Mit Parasiten hatten wir unsere Erfahrungen. Besonders hartnäckig waren die Klitschkenböcke, beim Abreißen blieb oft der Kopf in der Haut und wuchs zur vollen Größe auf. Waren sie aber voll gesaugt mit Blut, fielen sie auch wieder ab, ein Schaden blieb nicht zurück.

Ein kleiner Teich lag am Eingang des Dorfes. Das Wasser erneuerte sich im Frühjahr durch herabfließendes Schmelzwasser von den umliegenden Bergen und machte ihn zu einem kleinen See. An heißen Tagen, wenn die Sonne untergegangen war, fanden sich Jung und Alt zur Abkühlung und

Säuberung ein. Baden ohne Hosen hatte unser Dorflehrer Held verboten, aber wer von uns Jungen zog schon dieses Luxusstück an? Mit einem Trick umgingen wir dieses vom Schullehrer erlassene Verbot, indem wir uns mit Mott beschmierten und eine Badehose vortäuschten. So konnten wir den nächsten Tag ohne Angst zur Schule gehen.

Wenn im Frühjahr der erste Ruf des Kuckucks zu hören war, wurde Schuhe oder Holzpantoffeln abgelegt. Barfuss ging alles leichter und schneller. Die Schuhe wurden so für den nächsten Winter geschont, der in sechs Monaten ja schon wieder begann. Gänsehüten war nun unsere tägliche Beschäftigung. Diese lieben kleinen Tierchen machten uns wenig Arbeit, und es blieb noch genügend Zeit übrig, um unser beliebtes Messerspiel zu machen. Mit der Hand musste das Messer von Ellbogen, Schulter, Stirn, Nase, Mund und Kinn geworfen werden und in der Erde stecken bleiben. Der Verlierer des Wettstreits hatte mit dem Mund ein drei bis fünf Zentimeter langes, in den Boden geschlagenes Holzstück herauszuziehen. Zum Glück gab es noch kein Unkrautvernichtungsmittel, und mit Kunstdünger wurde sparsam umgegangen.

Mit den ersten Blättern der Ahornbäume kamen auch die Maikäfer aus dem Boden gekrochen. Fleißig schüttelten wir jetzt Baum für Baum, um den ersten Maikäfer zu besitzen. Jedes Kind hatte nun eine Schachtel bereit, um die Käfer aufzunehmen, und wer noch einen König mit rötlichem Schimmer fand, der hatte Glück für das ganze Jahr gefunden. Nach einigen Tagen Verehrung des Maikäfers folgte die Schwemme und die Käfer wanderten in die Mägen der Hühner.

Die Bullerbüchse war ein Ersatz für das Luftgewehr. Um sie herzustellen, suchten wir uns ein langes, gerades, astfreies Holunderstück, entfernten das Innenmark, versiegelten die Enden mit Kartoffeln, Kastanien oder Steckrüben und rückten mit einem passenden Stock die Luft zusammen, bis der Schuss losging.

Friedlicher ging es beim Kipselspiel zu. An diesem Spiel konnten auch die Mädchen teilnehmen, es diente auch zum Erlernen des kleinen und großen Einmaleins. Dieses schöne Spiel wird wohl in Vergessenheit geraten, beschreiben kann man es nicht.

Das Züchten von Kaninchen und Tauben gehörte mit zu unserer Freizeitbeschäftigung. Seltene Taubenrassen gab es in unseren Schlägen. Die Danziger Möwe, eine zierliche Taube, flog so hoch und schnell, dass ein Falke sie kaum gefährden konnte. Eine teure und gut aussehende Taube war die Pfautaube oder eine elsterähnliche Taube mit weiß-schwarzen Farben und Federn an den Füßen.

Hunde waren nicht zum Spielen da. Sie hatten für Sicherheit auf dem Hof gegen Marder, Fuchs und Iltis zu sorgen, und abgerichtet als Hütehund waren sie unentbehrlich auf einem Hof.

Ein Hof ohne Hund
bringt unruhig Stund.

Oftmals mussten Hunde auch schwere Arbeiten verrichten. Vor den Handwagen oder Schlitten gespannt, wurden rasante Fahrten gemacht und brachten uns Freude zu jeder Jahreszeit.

Wenn die dunklen Herbstabende kamen, spielten wir Räuber und Gendarm. Es war ein beliebtes und aufregendes Kinderspiel. Glücklich war jedes Kind, wenn es eine Taschenlampe hatte. Sehr schnell waren die Batterien aufgebraucht. Aufgewärmt auf Mutters Herd brachten sie für kurze Zeit noch volle Leistung, aber schnell fiel die Lichtquelle aus und vorbei war das schöne Spiel.

Bevor der Winter seinen Einzug hielt, trafen wir die Vorbereitungen für unsere Winterspiele. Wir suchten kleine runde Steine als Ersatz für Pucks, schnitten gebogene, aus dem Wasser kommende Weidenstöcke ab und machten daraus unsere Schläger. Beim Dorfschmied ließen wir unsere Schlittschuhe schärfen und warteten auf den ersten Frost, um unser Eishockey zu spielen. Wer noch keine Schlittschuhe besaß, baute sich eine Schlöp, auf der man kniete und sich mit zwei spitzen Nagelstöcken fortbewegen konnte.

Wenn der erste Schnee fiel, wurden die Schlittenkufen vom Rost befreit und die Rodelbahnen mit Wasser besprengt, um sie schnell zu machen. Wer aber keinen Schlitten hatte, suchte sich ein paar abgelaufene Holzpantoffeln und schlidderte so den Berg hinunter.

Trotz der vielen Arbeit, die wir Kinder schon verrichten mussten, hatten wir doch eine schöne Jugendzeit. Die schöne geographische Lage unseres Dorfes, reich an Wald, Bächen, Bergen und neun herrlich gelegenen Teichen: Damit gehörte Ballenberg zu den schönsten Dörfern im Kreis Belgard. Für uns Kinder gab es keine Grenzen und Zäune, wir wurden nie von fremdem Eigentum verwiesen. Aufgewachsen in Freiheit, in fremder Erde wird man uns begraben.

Treibjagd in Ballenberg

Ach, was waren wir Kinder froh,
wenn's Horn zur Jagd erschall.
Fünf Groschen ward des Treibers Lohn
und hörte gratis noch den Knall.

Fröhlich und mit viel Radau
trieben wir durch die Jagen.
Oftmals lief zurück die Sau,
um dem Topf Ade zu sagen.

Kam ein stolzer Hirsch gesprungen,
um dem Krach schnell zu entkommen.
Waidgerecht der Schuss gelungen,
der Schütze einen Trunk bekommen.

Zur Mittagszeit gab's Erbsensuppe
mit viel Speck und Fleisch darin.
Der Treiber nur den Rest bekam
vom Wasser schon sehr dünn.

Des Jägers Stolz sein Jagdhund war,
es wurden Wetten abgeschlossen.
Gar mancher Has' der schnellere war,
der Jäger hat die Wette genossen.

Wenn's Büchsenlicht zur Neige ging,
die Jagd wurd abgeblasen.
Der Füchse man sehr viele fing
und wenig nur der Hasen.

Im Dorfeskrug die Beute man teilt,
des Jägers Latein die Runde macht.
Manch Treiber seine Wunden heilt,
des Jägers Durst vergeht erst nachts.

Leben in Ballenberg

In Ballenberg fühlte ich mich wohl. Im Dorf zu wohnen war sehr schön und abwechslungsreich. Wenn es Sommer wurde, kamen die Städter gerne aufs Land, um die saubere, duftende Luft von blühenden Lupinen, Kartoffeln, Feldern und Wiesen zu genießen. Warme Winde wehten aus den Kiefernwäldern und erwärmten die Nächte.

Wenn die Kornfelder blühten, zogen Wolken von Blütenstaub über die Felder und das Korn wiegte sich im Winde. Die Lupinenblüte berauschte die Sinne der Menschen, und die Kartoffelblüten wiesen viele Farben auf.

Viele kleine Quellen sickerten aus dem Boden, das Wasser so kühl, klar und immer einladend zum Trinken. Badeseen oder Teiche gab es in allen Orten, essbare Beeren in Heide, Wald und auf allen Wegen. Straßen von Ort zu Ort waren gepflastert, geteert und mit einem Sommerweg für Pferdegespanne hergestellt. Fahrradwege führten unter schattigen Baumalleen bis in die Kreisstadt Belgard.

Dörfliches Vergnügen feierte man ausgiebig. Samstagabend spielte immer irgendwo eine Ziehharmonika, barfuss oder auf Socken tanzte man auf trockenem Boden unter Baumkronen und lernte hier die ersten Tanzschritte, bevor man sich auf die glatten Bretter eines Tanzbodens begab.

Auf dem Kornboden des alten Gutes fanden die großen Feste zum 1. Mai, Erntedankfest, Sport- oder Schützenfest statt, und wenn dann die Musikkapelle die alten Lieder »Komm Kalinike, komm« oder »Ist denn kein Stuhl da für meine Hulda« spielte, war das Eis gebrochen und fleißig wurde mitgesungen: »Der Neger hat sein Kind gebissen, ho, ho, ho«, »Im Grunewald, im Grunewald ist Holzaktion« oder »Uns're Oma fährt im Hühnerstall Motorrad«. Der Schnaps floss nun reichlich in die Kehlen der Männer. Mit ihrer Muskelkraft erkämpften sich die Burschen oft die Schönen im Dorf gegen die Konkurrenz.

Erntezeiten waren schwer, aber auch schön. Spaß gab es immer, ob auf dem Feld oder beim Entladen der Erntewagen in der Scheune.

An langen Winterabenden vertrieb man sich die Zeit mit Karten- und Würfelspielen oder erzählte sich Spukgeschichten von Teufel, Tod und Hexerei. Der Aberglaube war noch weit verbreitet auf dem Lande und die Angst noch in jeder Seele. Nur wenige hatten schon ein Radio oder Grammophon, aber alle verstanden es, die langen Winterabende auf der Ofenbank gemeinsam zu gestalten.

Fest eingefügte Regeln gab es in unseren Dörfern, und ein jeder hielt sich daran. Das Zusammenleben im Dorf schweißte die Menschen eng aneinander, sie hielten zusammen in Elend und Not, jeder hatte Arbeit, Liebe und Brot.

Pommersches Wesen

Pommersche Sitten, Pommerscher Brauch,
wie sie gelitten von Brand und Rauch.

Pommersche Kraft, Pommerscher Fleiß,
es bleibt deine Glut für ewig noch heiß.

Pommersche Liebe, Pommersche Treu,
sie werden weiter glühen, ohne Heimat, ohne Scheu.

Die Buchen sollst du suchen

Gewitter im Wald waren immer gefährlich und gefürchtet von Menschen und Tieren, besonders hatten Pferde darunter zu leiden. Schon früh in meiner Kindheit lernte ich die Gefahren eines Gewitters kennen und hielt mich an die goldene Bauernregel, die meine Mutter mir immer wieder vortrug:

»Buchen sollst du suchen,
Linden sollst du finden.«

Diese Bäume waren ein sicherer Schutz vor Blitzen. Aber diese Regeln gelten nur, wenn andere Bäume wie Eichen, Fichten oder Weiden in unmittelbarer Nähe stehen. Durch die Pfahlwurzel der Eiche und Fichte und die Wurzeln der Weide, die immer zum Wasser gehen, hatte der Blitz immer seine Anziehungskraft zur Erde gefunden, und beruhigt konnte man unter Buchen und Linden verweilen. An zwei Erlebnisse muss ich in diesem Zusammenhang noch oft denken.

Im Schlepptau älterer Frauen zog ich mit sechs Jahren zum Blaubeerpflücken von Alt-Kolziglow in den Kieferwald hinter Barnow. Gegen Mittag verdunkelte sich der Tag, ein schweres Gewitter zog auf. Fluchtartig verließen alle Sammler den Wald. Auf dem Heimweg wurden wir im Tal des kleinen Baches Kamenz vom Gewitter überrascht. In einer hohlen Weide fanden einige Frauen und ich Schutz, doch lange hielt ich es nicht darunter aus. Meine Warnrufe wurden den Frauen zu viel und sie verließen ihren geschützten Platz. Als sie zwanzig Meter von der Weide entfernt waren, schlug ein Blitz ein und der Hohlraum brannte sogleich.

Die nächsten Tage durfte ich mich diesen Frauen beim Blaubeerpflücken anschließen und bekam von jeder noch einen Becher Beeren in meinen kleinen Korb geschüttet.

Ein weiteres Erlebnis hätte bald meinem älteren, zwölfjährigen Bruder das Leben gekostet. Zwischen Reddies und Alt-Kolziglow stand ein großer Buchenwald. Wir suchten Pfifferlinge, die hier besonders gut gediehen und von bester Qualität waren. Ein Gewitter stand am Himmel. Mein Bruder Helmut bekam Angst und wollte den Buchenwald verlassen. Ich wollte den sicheren Ort nicht aufgeben, wurde aber von meinen beiden Brüdern überstimmt, und wir stellten uns außerhalb des Buchenwaldes unter eine allein stehende, uralte Eiche mit schon vielen sichtbaren Blitzeinschlägen.

Nicht lange stand ich unter dem Baum, bis ich erkannte, dass es eine Eiche war. Ich lief aufs freie Feld und konnte meinen Bruder Günther bewegen, auch aufs freie Feld zu kommen. Gemeinsam konnten wir nun auch Helmut überzeugen, den Baumschutz aufzugeben. Gerade fünf Meter war er gelaufen, als ein Blitz in die Eiche einschlug. Helmut lag vom Luftdruck gleich auf dem Boden. Wir dachten schon an Schlimmeres, doch plötzlich sprang mein Bruder wieder auf, und wir rannten im wolkenbruchartigen Regen nach Hause.

Später in Ballenberg durfte ich mit unserem Dorflehrer Otto Held, der 1935 von Rummelsburg nach Ballenberg versetzt wurde, gemeinsam die Gewitter beobachten, ihre Entfernungen berechnen und einschätzen. In seiner Brust ruhte der Donnergott Thor. Noch heute schaue ich jedem Gewitter zu und freue mich auf eines der schönsten Naturereignisse.

Wolken werden geboren,
das Meer hat sie verloren.
Verschmutzt kehren sie zurück,
ihr Weg brachte Tränen, Freude und Glück.

Erntezeit in Ballenberg

Um unseren pommerschen Boden zu bestellen, bedurfte es schon großen Fleißes und Vorausberechnungen, um dem sandigen Acker eine gute Ernte abzuringen. Frühjahrs- und Herbststürme brachten oft den leichten Boden zum Fliegen. Schwere Regengüsse spülten tiefe Rinnen durch den Acker und rissen Heu und Kornstiegen mit sich. Es war ein steter Kampf mit der Natur, um Ernten einzubringen und den Boden zu bestellen. An warmen Sommertagen konnte man oft riesige Windhosen am Himmel sehen, die in der Heuernte großen Schaden anrichteten. Ganze Heuhaufen wurden in die Luft gezogen und kamen Kilometer weiter zerstreut wieder zur Erde herunter.

Nach einem langen kalten Winter gab es im Frühjahr immer einige Überraschungen. Es fehlten die Futterrüben, um das Vieh satt zu bekommen oder der Frost hatte die Kartoffelmieten durchfroren. Die Folge war eine Verknappung der Saatkartoffel.

Trotz mancher Sorgen brachte die Erntezeit auch viel Fröhlichkeit mit ein. Abends fand man immer noch ein wenig Zeit, um barfuss oder auf

Socken einen Tanz unter dem Kastanienbaum zu wagen.

Die Kartoffelernte war wohl eine der schwersten, aber auch eine der schönsten Ernten. Die Vorbereitungen begannen im Monat April. Wenn das Schmelzwasser durchs Dorf floss und die Kartoffelmieten frostfrei waren, wurden diese geöffnet und wir fingen mit der Auslese des Saatgutes an. Der sandige Boden wurde schnell trocken und es konnte mit dem Pflügen begonnen werden. Auf den gepflügten Boden wurde reichlich Kalk gestreut, um den Boden locker zu halten, dann eingeeggt, gewalzt und mit der Maschine gelocht, die Löcher mit Kartoffeln versehen, mit dem Fuß festgetreten und anschließend eingeschleppt. Wenn die Triebe etwa zehn Zentimeter hoch waren, wurden sie angehäufelt, gedüngt und das Wachsen nahm seinen Lauf.

Die Blütezeit der Kartoffel hatte eine Vielfalt von Farben und Duftnoten, die einen immer wieder faszinierte. Spätestens nach der Blütezeit konnte man erkennen, ob die Ernte gut oder schlecht ausfallen würde. Für die Kartoffelernte wurde extra ein Schwein geschlachtet, um den Kräfteaufwand in der Erntezeit besser zu bewältigen.

Wenn das Kartoffelkraut braun wurde, begann die Ernte. Vor 1936 wurde die Ernte noch ausschließlich mit der Hand eingebracht, danach benutzte man schon den Kartoffelroder, der von zwei Pferden gezogen wurde und eine große Erleichterung für den Sammler brachte. Von der schweren Handrodung konnte man sich nicht so schnell trennen, weil es dabei zu einer guten Ausbeute und fast keiner Beschädigung der Kartoffel kam. Oft sah man bis zu zehn Personen in einer Linie auf Knien rutschen, geschützt mit einer alten Schürze oder Hose. In der einen Hand eine Hacke, die den Schlag ausführte, die andere Hand half beim Herausziehen der Staude. Nach Abschütteln und blitzschnellem Aufsammeln wurden die vollen Körbe von starken Burschen in Säcke und auf Wagen verfrachtet.

Als Kinder mit zehn Jahren mussten wir auch schon eine Reihe bearbeiten. Ab vierzehn Jahren waren es schon zwei Reihen, die Älteren nahmen drei bis vier Reihen.

Im Morgengrauen fuhren wir mit Pferd und Wagen aufs Feld. Nebel lag noch auf dem Acker, oftmals auch schon Raureif. Dann hieß es: warm anziehen! Bis zur Mittagszeit hatten wir alles wieder abgelegt und mit freiem Oberkörper genossen wir den schönen Herbsttag und gingen zur Kaffeezeit oftmals baden. Schuhe und Joppen waren längst abgelegt und so sammelte man bis zum Dunkelwerden. Die gesammelten Kartoffeln wurden mit Stroh oder Kartoffelkraut zugedeckt, damit der Nachfrost keinen Schaden anrichten konnte.

Der Tag wollte für uns Kinder kein Ende nehmen. Wenn die »Bauernsonne« aufging, drohte die Nacht zum Tage zu werden. Pferde und Menschen hatten es gleich schwer. Wenn es endlich auf holprigen Wegen nach Hause ging, überraschte uns der Schlaf und brachte die ersehnte Pause. Trotz dieser schweren Arbeit fanden die Burschen immer noch Zeit und Lust, ihre Späße mit den Mädels zu treiben. So manches Mal fand sich eine Maus in der Damenunterwäsche wieder. Das Geschrei der Mädels tönte weit über die Felder. Oft taten sich auch die sonst wehrlosen Mädels zusammen und revanchierten sich. Die Rache war oft fürchterlich für den Burschen. Denn wer ließ sich schon gerne die Hose von mehreren Mädels ausziehen. Die Blamage war sehr groß und bot lange Zeit Stoff für die Dorfgespräche.

So verband man Schwerstarbeit mit Spaß und hatte noch Freude an der schweren Arbeit. Als Junge habe ich meine Freunde, deren Eltern keinen Hof hatten, immer beneidet. Sie brauchten diese schwere Arbeit nicht zu verrichten, und wenn sie es taten, dann nur für ein gutes Taschengeld. Mein Lohn zum Erntedankfest war eine Flasche Brause.

Wenn die Kartoffelernte eingebracht war, wurde im Dorf das Erntedankfest auf dem Brennereiboden gefeiert. Für uns Kinder gab es viel zu sehen, wenn aber die Dunkelheit hereinbrach, mussten wir den Saal verlassen. Die »Älteren« genossen nun den hochprozentigen Kartoffelsprit, der eine verheerende Wirkung auf das Gleichgewicht hatte und nicht von jedem Burschen richtig eingeschätzt wurde. Die Kartoffelfete endete meistens mit einer Rauferei, wobei Opa Borchert mit seinem Krückstock immer für ein frühzeitiges Ende sorgte. Am nächsten Tag war alles wieder vergessen und nichts nachgetragen.

Ließe sich die Zeit zurück drehen, würde es bestimmt ein jeder Bursche aus Ballenberg tun.

Der Bauer reißt mit spitzer Schar
gar tiefe Furchen in die Erde.
Dass auf dem Feld, sonst unfruchtbar,
ihm eine gute Ernte werde.

So gleichet Gott dem Ackersmann
im fruchtbaren Feld der Herde.
Darin sät er, dass er ernten kann
gar tiefe Furchen mit Schmerzen.

Bauernsonne

Die Abendglocken läuten,
zur Ruh' legt sich die Welt.
Es dunkelt schon der Abend,
eine Sternschnuppe vom Himmel fällt.

Die Tageszeit war kurz gewesen,
die Wintersaat noch nicht bestellt.
Gepflügt muss noch der Acker werden,
des Mondes Licht die Nacht erhellt.

Es ackert der Bauer mit seinen Pferden,
noch scharf sind des Pfluges Schar',
die Pferde mühsam traben,
sehr schwer die Tageszeit doch war.

Die letzte Furche ist gebrochen,
die Mitternacht längst eingekehrt,
des Pferdes Treue ist Hafer versprochen,
der Bauer die Mondscheinnacht verehrt.

Warten auf Regen

Die Wettergrenzen zwischen Vor- und Hinterpommern waren die Oder und das Haff. Ein Gewitter hatte es schwer, über diese natürlichen Hindernisse hinweg zu kommen. Tagelang standen Gewitter am westlichen Ufer und überschütteten Vorpommern mit dem köstlichen Nass, auf das wir so sehnsüchtig warteten. 300 Sonnentage im Jahr waren keine Seltenheit. Die Tagestemperaturen stiegen oft bis 40 Grad Wärme an und entzogen dem Boden den Rest an Feuchtigkeit. Junge Rübenpflanzen litten am meisten unter dieser Trockenheit und mussten täglich mit Wasser aus den Teichreserven gegossen werden.

Ein Jahr vor dem Krieg hatten wir so ein trockenes Jahr. Schon vierzehn Tage kämpfte ein Gewitter am westlichen Ufer des Haffs, um herüber zu kommen. Als es endlich geschafft war, hörten wir es näher kommen. Pausenloses Grollen erfüllte die Luft, Blitze zuckten Schlag auf Schlag am Horizont über Groß-Rambin, und plötzlich stand eine dunkle Wand vor uns. Der Tag hatte sich verdunkelt, Kerzen wurden angesteckt, das elektrische Licht abgeschaltet. Eilig schloss man alle Luken und Türen in Stall, Scheune und Haus und band

Kühe und Pferde von ihren Halterungen los. Alle fürchteten sich und fingen an zu beten. Kinder mussten angezogen ins Federbett kriechen, dort würde es nie einschlagen.

Das Gewitter brach mit großer Heftigkeit über Ballenberg herein, begleitet von einem verheerenden Wolkenbruch. Die Wolken hatten ihre Schleusen geöffnet und gleichzeitig alle Einschläge gelöscht. Doch die Wassermassen konnten vom trockenen Boden nicht so schnell aufgenommen werden, und in wenigen Minuten rannen kleine Bäche von den Bergen durchs Dorf. Teiche liefen über. Der kleine Muglitzbach mit seinem breiten Tal wurde zum reißenden Fluss und riss die gesamte Heuernte mit sich.

Am nächsten Tag wurden die großen Schäden, die der Wolkenbruch angerichtet hatte, sichtbar. Tiefe Rinnen durchzogen die Felder, wertvoller Humusboden war fortgespült, Bäume umgestürzt, die Heuernte verloren und die Roggenfelder lagen wie platt gewalzt am Boden. Gemeinschaftlich ging es an die Aufräumarbeiten und Ausbesserungen der Schäden. Zum Glück sind wir von einem Brand verschont geblieben. Die vielen hohen Kastanienbäume im Dorf hatten die Blitze aufgenommen und ein Schlimmeres verhindert.

So viel Gutes hatten wir uns von diesem Gewitter erhofft, aber Schäden und Ängste waren zurück geblieben. Der Kampf mit der Natur war Pommerns Kreuz, alle trugen es und teilten sich Freud und Leid.

Wenn Gewitter übers Haff donnern,
wird es regnen in Hinterpommern.

Der dümmste Schüler

Im Jahre 1931 wurde in Ballenberg die neu erbaute Volksschule feierlich eingeweiht. Ehrengäste, Politiker und der Schulrat aus Belgard waren zu diesem schönen Ereignis angereist. Ein kleiner Zirkus mit Zelt gastierte auf dem neuen Schulhof. Kinder und Erwachsene freuten sich über ein kleines Pony, das die Aufmerksamkeit aller erregte. Es lief in der Manege herum und sollte das dümmste Kind der Schulklassen suchen.

Das Pony lief die erste Runde und blieb vor Herbert stehen. Herbert musste aufstehen, und der Vorführer fragte das Pony: Ist das der Dümmste an der Schule? Das Pony nickte und alle Zuschauer lachten – nur Herbert nicht, er musste seine Tränen unterdrücken. Die Ehefrau von Lehrer Bahr hatte Mitleid mit Herbert und rief mit lauter Stimme: Das stimmt aber nicht! Herbert fiel ein Stein vom Herzen.

Noch einmal musste das Pony laufen und blieb vor Walter stehen. Es stimmte auch nicht, aber nun kam kein Widerspruch, und so musste er bis ans Ende der Schulzeit damit leben.

Eine unheimliche Wette

Eine nicht alltägliche Wette geschah 1932 in Ballenberg. Drei Männer, schon im Rentenalter, von schweren Arbeiten auf dem Gut gezeichnet, waren mit Krankheiten geplagt und vom Tode bedroht. Wenn sie sich im Dorfe trafen, machten sie stets ihre Prognosen. Einer hielt dem anderen vor, dass er wohl nicht mehr lange zu leben hätte, bei seinem schlechten Aussehen. Dabei kam es dann zu einer ungewöhnlichen Wette zwischen Hermann und Bernhard. Emil, der noch etwas Rüstigere der drei Herren, sollte der Schiedsrichter sein und von jedem der beiden den Betrag für eine Flasche Schnaps in Verwahrung nehmen. Wer zuerst sterben würde, hätte die Wette verloren und der Überlebende würde den Schnaps erhalten.

Schon nach wenigen Wochen legte sich Bernhard ins Bett und verstarb. Unter großer Anteilnahme wurde er zu Grabe getragen. Die Kapelle des Kriegervereins, der er angehört hatte, spielte zu seinen Ehren, und Hermann marschierte stolz im schwarzen Anzug und Zylinder hinterher. Nach einer Woche nun sollte die Wette eingelöst werden – wozu es allerdings nicht mehr kommen sollte. Denn bereits am Tag nach der Beerdigung legte sich auch Hermann ins Bett und verstarb zwei Tage später.

Nun saß Emil auf der schweren Last und wollte das Geld schnell loswerden. Sein Entschluss stand fest: Er kaufte zwei Flaschen Schnaps in Groß-Rambin, begab sich dann auf den Friedhof, stellte sie zwischen die Gräber und trank abwechselnd aus der einen Flasche auf Bernhard und aus der anderen auf Hermann.

Als es dunkel wurde, schwankte Emil nach Hause und erzählte allen im Dorf, dass Hermann und Bernhard sich fürchterlich um den Schnaps gestritten hätten. Emil hatte beide reingelegt.

Nun danket alle Gott

Zwischen Ballenberg und Zwirnitz lag ein schöner, moderner, einsam gelegener Bauernhof. Zwischen den Feldarbeiten gab es immer einmal Tage, wo die Langeweile aufkam, und es den Bauern ins nächstgelegene Dorf nach Groß-Rambin zog. Im schönen Bahnhofsrestaurant vergaß er dann seine Einsamkeit, aber auch die Zeit, rechtzeitig nach Hause zu gehen. So war es bereits immer schon dunkel, wenn er seinen Heimweg stark berauscht antrat.

Die erste Hälfte des Weges war dabei am schwersten, die Muglitz musste nämlich durchschritten werden. Dann ging es steil bergauf, wobei dieser Waldweg viele vom Regenwasser ausgespülte Löcher hatte, die einem schon im nüchternen Zustand das Hochsteigen sehr erschwerten. Wenn der Bauer dann oben auf dem Hügel angekommen war, sang er vor Freude den Choral: »Nun danket alle Gott«. Dann schlief er unter einem Baum ein.

Weit über die Felder hatte man seinen Gesang gehört. Am nächsten Morgen kehrte er vergnügt nach Sonnenaufgang nach Hause zurück und nahm die tägliche Arbeit wieder auf. Im Herbst aber, wenn die Nächte kühl und nass wurden und der Bauer wieder einmal seine Einsamkeit in Groß-Rambin bekämpfte, hielten seine drei Söhne Laterne und Handwagen bereit, um beim ersten Choral dem Vater entgegen zu ziehen und ihn sicher nach Hause zu holen.

Schützenfest in Retzin

Zwei verheiratete Männer aus Zwirnitz nutzten die Abwesenheit ihrer Ehefrauen, die eine Einkaufsreise in die Kreisstadt Belgard unternommen hatten, um am Schützenfest in Retzin teilzunehmen.

Der Durst auf ein kühles Polziner Bier war groß, aber es war kein Groschen im Haus. Ein paar Ziegen standen im Stall, und das war gut so. Eine Ziege musste ihr Leben lassen. Das Fleisch wurde aufgepökelt und mit dem Fell zog man los nach Retzin. Hier wurde das Fell verkauft und das Unternehmen mit dem Erlös gefeiert.

Inzwischen waren die Ehefrauen vom Einkaufsbummel aus Belgard zurückgekommen und wollten ihre Ziegen melken, doch welch ein Schreck! Es fehlte eine Ziege. Die Suche ging durchs ganze Dorf. Doch dann fanden sie im Steintopf das gepökelte Fleisch und ahnten, dass ihre Ehemänner ihre Abwesenheit schändlich ausgenutzt und sich auch ein paar schöne Stunden gemacht hatten. Gespannt warteten alle im Dorf auf die Rückkehr der Männer. Nach dem langen Heimweg von Retzin nach Zwirnitz kamen sie abgekämpft und mit schwerem Kopf nach Hause. Ein Donnerwetter brach über sie herein und ein jeder im Dorf konnte es mit anhören.

Doch schon am nächsten Morgen erzählten die beiden Ehefrauen mit Stolz, was für gute Ehemänner sie hätten. Der Schmerz über den Verlust der Ziege war schnell vergessen, man hatte ja noch das Fleisch.

Der Gänsehirt

Vom Frühjahr bis zum Spätherbst wurden auf Wiesen und Stoppelfeldern der Güter die Gänse der Tagelöhner von einem rüstigen Rentner für ein kleines Taschengeld gehütet. Es war nicht immer leicht, die Gänse von den Kornfeldern und Teichen mit den vielen Blutegeln fernzuhalten. Kleine Güsselchen litten besonders daran. Der Rentner Schümann hatte in Wutzow diese Arbeit übernommen und führte sie auch gewissenhaft aus – bis zu dem Tage, an dem er vom Durst auf ein kühles Polziner Bier übermannt wurde.

Tagelang hatte er vergeblich versucht, einen Ersatzmann für seine Tätigkeit zu bekommen, aber es fand sich niemand für diese eintönige Arbeit. Ein freier Tag war auch nicht in Sicht, ob Sonntag oder Feiertag, die Gänse mussten immer gehütet werden. Schümann kam nach langer Überlegung zu dem Entschluss, dem Leitganter mit einer Kordel die Füße zusammenzubinden und das Tier zur Sicherheit am Zaun anzubinden. Der Erfolg war positiv, die Gänseherde blieb ruhig.

Die Vesperzeit war angebrochen und Schümann saß bei Bier und Schnaps gemütlich in der Kneipe des Dorfes und trank sich rundherum voll, vergaß seine Pflichten und die Gänse. Es wurde schon dunkel und im Dorf breitete sich Unruhe aus: Es wird doch nichts geschehen sein mit Schümann und den Gänsen? Die Suche begann und schnell fand man die Herde. Schümann kam mit wankenden Schritten angelaufen, als sei nichts geschehen.

Im Dorf erzählte man sich noch lange von diesem Ereignis und meinte zu glauben, dass der Ganter immer »Schüüüüümann« gerufen habe.

Es muss ein guter Geist gewesen sein

August, ein frommer Gutsarbeiter aus Zwirnitz, zog es am Sonntagmorgen zur Kirche. Sein Weg führte am Vorwerk von Zwirnitz vorbei, wo er auch vorübergehend enden sollte.

Anstatt den heiligen Worten des Herrn Pastor zu lauschen, gab er sich dem dargebotenen Kartoffelspiritus eines Eremiten hin, der schon bald seine Wirkung zeigte. Schwankend machte sich August zur Mittagszeit auf den Heimweg. Auf halber Strecke, an einer Viehweide, muss August hingefallen und eingeschlafen sein. Kühe und Schafe fanden an seinem Spiritusgeruch Gefallen und beleckten sein Gesicht, während er schlief.

Schreckliche Träume stellten sich ein, und voller Unruhe kehrte er gegen Abend zum Vorwerk zurück. Die Geisterhand von Ferdinand Radoll habe ihn berührt und nun fehle ihm der Mut, nach Hause zu gehen. Nach ein paar Zügen aus der Flasche war seine Angst verschwunden und der zweite Versuch, nach Hause zu gehen, hatte Erfolg.

Ferdinand Radoll war der verstorbene Gutsbesitzer von Zwirnitz. Sein Geist spukte noch jahrelang in den Köpfen der Zwirnitzer Bevölkerung.

Schneider, meck, meck

Ein kleiner Schneider kam 1938 nach Klötzin gezogen. Trotz seines Zwergwuchses hatte er unheimliche Kräfte und nahm es gerne mit größeren Männern auf, auch wenn er dabei den Kürzeren zog.

Eines Tages bekam er in der Gastwirtschaft zu Klötzin Streit mit dem Wirt, der ihn immer mit »Schneider, meck, meck!« ansprach. In seiner Wut schmiss der kleine Schneider den Gastwirt auf den Boden, schlug mit seinem Holzpantoffel immer auf dessen Kopf und rief: »Das ist für Schneider meck, meck!«

Die Ehefrau des Wirtes schaltete sich ein, entriss dem Schneider den Pantoffel, schlug nun ihrerseits auf dessen Kopf ein und rief dabei: »Schneider meck, meck!« Der Schneider hatte den ungleichen Kampf verloren, wurde aus der Wirtschaft geworfen und rollte den Abhang hinunter bis auf die Dorfstraße.

Eines Tages war seine Ehefrau hochschwanger und erwartete ihr erstes Kind. Die Hebamme wurde geholt und bereitete die Geburt vor. Der Schneider wollte die Geburt seines Kindes miterleben, saß still auf der Ofenbank, die Füße in der

Luft baumelnd, doch die Hebamme wollte keine Kinder im Zimmer haben und sagte zur werdenden Mutter:

»Schicken Sie doch den Jungen aus dem Zimmer, Kinder sollten nicht bei einer Geburt zusehen!«

Die Ehefrau war entsetzt und sagte: »Das ist nicht mein Junge, es ist mein Mann.«

Von Ballenberg die sieben Zwerg'

Ich heiße Munks
und wohn' im Klunks,
bewache euren Wald,
bin mehr als tausend Jahre alt.

Ich heiße Flink
und wohn' im Eichenbrink,
beschütze euer Flur und Feld,
vermehre euer Gut und Geld.

Ich heiße Merk
und wohn' am Dohmgohrenberg,
lass wachsen Beeren für des Kindes Mund,
beschütze Has' und Reh vor Wolf und Hund.

Ich bin der Thing,
in meinem Reich des Backhaus Öfen sind.
Geb' Brot und Kuchen golden Krum,
lass flink des Kindes Spiele tun.

Ich heiße Schleich,
mein Revier ist des Dorfes Teich.
Lass Kuh und Pferde tränken,
geb' eines Wasser Gans und Enten.

Ich heiße Voß,
beschütze Park und Schloss,
lass Strauch und Bäume blühn
und Vögel ihre Jungen großziehn.

Ich heiße Horch,
wach über Haus und Dorf.
Lösche vergessene Feuer in Ställen,
behüt euch vor allen Blitzen, den schnellen.

Die Wrucken des Herrn Pastor

Zu jeder Kirchengemeinde gehörten früher noch Wald, Wiesen, Äcker und Gärten. Aus eigener Kraft konnte der Pastor diese aber nicht bewirtschaften. So wurden die Flächen verpachtet – mit Ausnahme des Ackers des Pastors von Bärwalde, der noch mit eigenen Händen seine Früchte einpflanzte und erntete.

Als er einmal seine Steckrüben ernten wollte, musste er immer feststellen, dass die Kahlstellen im Felde immer größer und die Erträge immer kleiner wurden. Eines Tages wollte er es den Dieben zurückzahlen. Ein Kind sollte getauft werden und im Beisein der Gemeinde hielten die Paten das Kind über das Taufbecken. Nach dem Verlesen des Taufspruches sagte der Pastor:

»Das Menschenkind freut sich, wenn es das Licht der Welt erblickt, und die Diebe freuen sich des Nachts bei hellem Mondenschein, meine Wrucken besser sehen zu können.«

Von nun an wurde in der Gemeinde nichts mehr gestohlen.

Pommerns Nationalgetränk

Tag für Tag zum Mittag frisch,
stand kühle Buttermilch auf dem Tisch.
Man trank sie gern zum Kartoffelbrei,
bei Bratkartoffel mit Spiegelei.
Zur Sommerzeit an heißen Tagen,
konnt ein jeder sich dran laben.
Ward der Winter lang und kalt,
sie oft in der Kartoffelsuppe wallt.
Hattest du Kummer mit dem Magen,
mit Buttermilch gingen vorbei die Klagen.
Es ward der Pommern liebster Trank,
der immer kühl auf dem Tische stand.
Und war sie einmal ausgegangen,
die Mägen keine Ruhe fanden.
Es war ein gutes Elixier,
denn Ärzte gab es wenig hier.

Pöbelnder Tagelöhner

In der Zeit, als Ballenberg noch zu einem Gutsbetrieb gehörte, hatten es die jungen Burschen als Schnitter besonders schwer. Tagelang mussten sie in gebückter Haltung mähen. Es war Schwerstarbeit und der Durst oft nicht zu stillen.

August Haß war ein guter Schnitter im Dorf. Doch wenn sein Durst zu groß wurde, griff er gerne mal zur Flasche und neigte im Rausch zu Aufmüpfigkeit. Seine Nerven machten sich selbständig und so kam es, dass er eines Tages nach getaner Arbeit, leicht angetrunken und mit der Sense in der Hand, den Weg zum Inspektor suchte, um sich über die schwere Arbeit zu beschweren. Der Inspektor geriet in eine missliche Lage. Doch herbeieilende Freunde konnten August beruhigen und brachten ihn nach Hause.

Als es dunkel geworden war, griff August zur Schaufel, ging durchs Dorf in Richtung Friedhof. Alle dachten nun, dass August sich ein Grab schaufeln wollte. Doch er schlug mit der Schaufel auf die Gräber und rief mit lauter Stimme:

»Ihr Toten, stehet auf, August Haß ist hier.«

Beherzte Burschen stellten die Totenruhe schnell wieder her, brachten ihn nach Hause und warteten, bis er eingeschlafen war.

Ein brüllender Vogel

Kurz vor dem Ersten Weltkrieg sahen die Bürger von Zwirnitz zum ersten Mal ein Flugzeug am Himmel fliegen. Groß war die Sensation, als an einem sonnigen Arbeitstag ein Flugzeug über die Köpfe der Feldarbeiter mit viel Getöse hinweg flog.

Aufgeregt lief eine Frau nach Hause ins Dorf, um über einen großen, brüllenden Vogel zu berichten. Seine großen Krallen hätten sie beinahe erfasst und mitgeschleppt. Ein schon erfahrener Bürger konnte sie jedoch beruhigen und aufklären.

Noch viele Jahre später, wenn sich ein Flugzeug am Himmel zeigte, lachte man über dieses Ereignis auf dem Felde.

Die Vollmondnacht

In der Zeit des Vollmondes geschahen öfters merkwürdige Dinge. Von zwei Ereignissen soll hier berichtet werden.

Nach der Konfirmation durften wir Jungen lange Hosen tragen und schon mal bei den größeren Burschen abseits stehen bleiben. Eines Abends bei Vollmond standen wir Jungen bei den erwachsenen Burschen vor der neuen Turnhalle, als plötzlich Kurt Nitz auf dem First des Daches entlang ging und am Regenrohr herunterrutschte, sich wieder in den Kreis der Burschen stellte, als sei nichts geschehen. Dieses kam bei Kurt öfter vor. Ob es nur eine Schau sein sollte oder doch der Mond im Spiel war, kann ich nicht beurteilen.

Bei der zweiten Episode besteht kein Zweifel an der Ausstrahlungskraft des Mondes. Ein Bauer wunderte sich, dass seine Pferde morgens nach der Vollmondnacht immer schon satt waren. Nach seiner Vermutung musste jemand in der Nacht die Pferde füttern. Um dieses festzustellen, machte er sich in der nächsten Vollmondnacht ein Lager bei den Pferden im Stall zurecht. Als Mitternacht vorbei war, kam der zweitälteste Sohn, fütterte die Pferde und ging wieder ins Bett. Am Morgen sprach der Vater seinen Sohn auf die nächtliche Fütterung der Pferde an, dieser jedoch konnte nur verneinen. Er wisse nichts von einer Fütterung. So beschloss der Vater, sich beim Dorfältesten, Opa Schulz, Rat zu holen, der auf allen Gebieten der Besprechung und Heilkunst bewandert war.

Eine Schüssel mit kaltem Wasser sollte Abhilfe schaffen. Zum nächsten Vollmond standen nachts überall Schüsseln mit kaltem Wasser. Nach Mitternacht erfolgte der erste Aufschrei, es war Hermann, der jüngste Sohn, der in die Wasserfalle geraten war. Aber auch Kurt, der Zweitälteste, entging diesem Schrecken nicht.

Seitdem mussten die Pferde auf ihre Zusatzmahlzeiten bei Vollmond, die sie sonst nur in der Heiligen und Neujahrsnacht erhielten, verzichten.

Hellblaue Augen

Ein Mädchen mit hellblauen Augen,
sie schaute hinab in den See.
Ihr Liebster, er hat sie verlassen,
drum tut ihr das Herze so weh.

Ein Jüngling mit hellblauen Augen,
er hat sie geliebet bei Nacht.
Er hat sie in's Dunkle geführet,
er hat sie zur Mutter gemacht.

Da hat sie geweint eine Träne,
die Träne war schöner als Gold.
Die Träne war schöner als Perlen,
das hat ja die Lieb' nicht gewollt.

Da trug sie's den Wellen entgegen
und drückte vor Schmerz an ihr Herz.
Wir beide, wir sterben zusammen,
wir hatten kein Glück auf der Welt.

Drum Mädchen, nun lasset euch sagen
und trauet den Männern nur nicht.
Sie gehen von einer zur andern
und sagen die Wahrheit euch nicht.

Entscheidung in der Lehmkuhle

Die Zeit vor dem Zweiten Weltkrieg war eine der schönsten unserer Dorfjugend. Trotz schwerer Arbeit fand man an den langen Winterabenden oder warmen Sommerwochenenden immer noch genügend Zeit zu einem geselligen Beisammensein mit Spiel und Tanz, mit Begleitung einer Ziehharmonika und der selbstgebauten Teufelsgeige, die meistens von Emil Ratunde gespielt wurde. Kurt und Bruno Marquardt waren wohl die besten Spieler auf ihrer chromatischen Ziehharmonika im Kreis Belgard. Sie spielten zu manch einer Hochzeit auf. Auch Willi Schulz und Herbert Unke waren beim Nachwuchs immer gut dabei.

An den langen Winterabenden traf man sich gerne im Jugendraum bei Unkes, der von der Gemeinde zur Verfügung gestellt war. Nach dem Bau der Turnhalle stand hier ein Raum zur Verfügung. Auch wurden die Einladungen der Ober-Gauschule und des RAD-Lagers angenommen. Bei diesen wurde jedoch sehr viel Wert auf Ordnung gelegt. Daher wurden sie von vielen Burschen nicht so oft genutzt.

An warmen Sommerabenden spielte man gerne unter freiem Himmel, besonders auf der harten Bodenfläche im schönen Schlosspark, zum Tanze auf. Die Holzpantoffeln wurden zur Seite gestellt, auch wurden oft noch die Wollsocken geschont. Es mangelte unserer Ballenberger Jugend nicht an dörflichem Vergnügen. Besonders für die Burschen der Nachbardörfer war Ballenberg ein heißer Tipp, um sich zu amüsieren. Der Frauenüberschuss hatte sich im Kreis Belgard herumgesprochen. Unsere Dorfburschen hatten natürlich viel zu tun, um die Attacken und Werbungen von Burschen aus anderen Dörfern abzuwehren – oder aber die Prämien für einen begrenzten Aufenthalt in Ballenberg einzutreiben. Die Preise lagen zwischen fünf und zwanzig Reichsmark. Dieses Geld wurde in alkoholische Getränke umgesetzt. Da wir in Ballenberg keine Wirtschaft hatten, spielte sich der Schmaus immer bei Kaufmann Gehrke ab.

Eine in Strutzmin stationierte, männliche RAD-Gruppe stellte sich eines Sonntagnachmittags zum Tanz beim weiblichen RAD-Lager ein. Wegen dieser unerwarteten und nicht zahlungsfähigen Konkurrenz rüsteten unsere Burschen zu einem Gegenschlag. Der nächste Besuch der RAD-Männer sollte verhindert werden. Die Fäuste sollten entscheiden. Als der nächste Sonntag kam, waren alle

Ballenberger Burschen im Oberdorf, die Hatz konnte beginnen. So sahen sich vier RAD-Männer dreißig starken Dorfburschen gegenüber.

Die RAD-Männer waren entschlossen, das süße Feld nicht kampflos zu räumen. Der ausgeprägte Gerechtigkeitssinn eines jeden Pommern konnte diesen ungleichen Kampf nicht zulassen, so dass man sich auf einen ehrlichen Kampf zwischen zwei Männern einigte. Von den RAD-Männern stellte sich der nur 1,60 Meter große Mann zur Verfügung. Auf Ballenberger Seite war es Albert Schneider, der mit einer Größe von 1,90 Meter auch stärkster Bursche im Ort war.

Es sah ganz nach einem ungleichen Kampf zugunsten von Albert aus. Die Bedingungen wurden ausgehandelt: Nicht beißen, kratzen und treten. Sollte der RAD-Mann verlieren, durften diese Ballenberg nicht mehr betreten. Der Kampf sollte bis zur Aufgabe eines Gegners geführt werden. Zum Kampfplatz war die Lehmkuhle am Wege nach Strutzmin gewählt worden. Man wollte den RAD-Männern entgegenkommen, damit sie nach dem Kampf ihren gegebenenfalls gehunfähigen Kameraden nicht so weit zu tragen brauchten.

Es sollte aber alles ganz anders kommen. Der kleine RAD-Mann war ein ausgezeichneter Boxer, der dem angreifenden Albert einen Treffer nach dem anderen versetzte, so dass Alberts Gesicht nach zehn Minuten geschwollen war und er nichts mehr sehen konnte. Alberts Versuch, sich auf den Gegner fallen zu lassen, um im Ringen einen Vorteil zu erlangen, glückte. Er musste allerdings auch weiter schwer einstecken, so dass der Kampf zugunsten des RAD-Mannes abgebrochen wurde.

Albert musste ins Dorf getragen werden und sich in ärztliche Behandlung begeben. Das Bier floss an diesem Tage aber trotzdem noch reichlich. Die Männer vom RAD kamen noch sehr oft nach Ballenberg, um sich zu mausen. Unsere Burschen besannen sich nun wieder der Dorfschönen, die sie zu oft vernachlässigt hatten.

Leider folgten kurz darauf die ersten Einberufungen zum Militär. Viele von ihnen sahen die Heimat nicht mehr wieder. Die noch leben, werden sich aber noch gerne an die schöne Jugendzeit erinnern.

Nach dem Kampf

Es stritt der stärkste Bursch
sich für der Freunde Schar,
es ging um Ehr und Recht,
die in Bedrängnis war.

Und als der Kampf beendet,
das Antlitz voller Wunden frisch,
ein Trunk schon kühle standet
beim Wirte auf dem Tisch.

Vom Branntwein schon benommen
erscholl durchs Dorf ein Wehgesang,
die Hand zum Troste reichend,
sich Freunde klein und lang.

Der Arzt hat es bestätigt
mit einem Mullverband,
dass auch der stärkste Bursche
mal seinen Gegner fand.

Männertreu

Holde Blum' der Männertreu,
wo bist du zu finden.
Blühest du auf Bergeshöh'n
oder in des Tales Gründen.

Sieh, da kam ein blasses Weib
wohl durch das Tal gegangen.
Weiß wie Schnee war ihr Gesicht,
Tränen rollten von ihren Wangen.

Blasses Weib, was suchest du
hier in diesen Gründen.
Ich suche die Blum' der Männertreu,
kann sie aber nirgends finden.

Stelle du dein Suchen ein,
denn du suchst vergebens.
Und das Blüm'lein Männertreu
blühet nicht auf dieser Erde.

Kein gewöhnlicher Winter

Wenn uns ein kalter Winter in Pommern bevorstand, waren die Merkmale der Natur immer die gleichen. Äste der Bäume und Sträucher bogen sich von dem Gewicht der Früchte, Eckern, Nüsse oder Kastanien. Scharenweise kamen die Krähen und Raben aus dem kalten Osten zu uns gezogen, um sich an den noch nicht vom Schnee zugewehten grünen Saatenfeldern genüsslich zu laben.

Im Winter 1941 zu 1942 aber war es ganz anders als sonst in den Jahren zuvor. Schon früh stellte sich der Winter ein und erreichte Ende des Monats Januar seinen Höhepunkt. Alles Leben erstarrte, Vorratsmieten auf dem ungeschützten Feld waren durchfroren und zu minderwertigem Futter geworden. Die Vorwarnung der Krähen und Raben war ausgeblieben.

Lange rätselten wir über dieses ausgebliebene Naturereignis nach und ahnten noch nicht, was sich an der Ostfront für eine Tragödie zugetragen hatte. Im Frühjahr 1942 wurde das Rätsel gelöst und die schaurige Wahrheit kam ans Tageslicht.

Durch die schweren, verlustreichen Kämpfe an der Ostfront hatte es über Hunderttausende Tote gegeben, die man nicht im hart gefrorenen Boden bestatten konnte und die nur mit ein wenig Schnee bedeckt waren. So fanden die Krähen und Raben reichlich Beute, ihr Tisch war gut gedeckt.

Abschied

Ein letzter Blick, ein stummer Gruß,
im Herzen trug ich bittres Weh.
Ich zog hinaus im Morgenrot,
den Pfad entlang im tiefen Schnee.

Noch weinend stand die Liebste da,
die Wangen rot, benetzt mit Tränen.
Ihr Leid macht mir den Abschied schwer,
es wird zu ihr mich immer sehnen.

Ein Winken noch aus weiter Fern;
es wird der Trennungsschmerz sich legen,
vom Elternhaus ein Lebewohl,
viel Glück und Gottes Segen.

Ich ließ zurück mein Herzensgut,
mein Elternhaus, das traute.
Mein Pommernland in Sorg und Not,
mein Herz auf dieses alles baute.

Wilddiebe?

Wilddiebe gab es in Pommern in fast allen Revieren, und oft wurden sie von den großen Waldbesitzern stillschweigend geduldet. Der angerichtete Wildschaden konnte nicht immer von den Jagdpächtern erstattet werden, Kartoffelfelder an Waldrändern wurden vom Schwarzwild Reihe für Reihe verwüstet. Bauern griffen zur Selbsthilfe, denn Gewehre gab es in vielen Häusern. Man stellte nachts Laternen auf oder band Glocken an Zäune an, doch Wildschweine gewöhnten sich schnell an die angeblichen Gefahren. Die angerichteten Schäden gingen oft bis zur Existenzvernichtung eines Bauern.

1943 hatte ich drei Monate RAD in Schönwalde, Kreis Stolp, abgeleistet und hatte noch anschließend drei Monate Ernteurlaub bis zu meiner Einberufung zur Wehrmacht bekommen. Der Roggen war abgeerntet und allmählich stellte sich der Herbst ein. Das bedeutete für mich ein paar Tage faulenzen. Wilhelm, ein älterer Bekannter, bat mich, mit dem Fahrrad mitzukommen, um seine 88jährige Mutter zu besuchen.

Am Sonnabend Nachmittag traten wir die zwanzig Kilometer lange Reise an. Es ging über holprige Straßen und Waldwege bis in den Kreis Regenwalde hinein. Mitten im Wald stand ein Blockhaus mit Scheune, davor eine rüstige Greisin mit ihrem Hund. Ihr Haarschopf reichte bis zur Erde. Freudig begrüßte sie ihren Sohn und beklagte ihren leeren Fleischtopf.

Nach dem Ersten Weltkrieg hatte sie mit Genehmigung des Gutsherren dieses Blockhaus mit Scheune erbaut und mit ihren sieben Söhnen zehn Morgen Wildnis urbar gemacht. Zwei Ochsen standen im Stall und ein paar Hühner befanden sich, geschützt vor Habicht und Fuchs, im Gehege.

Alle Söhne waren in der Fremde, einige hatten gesiedelt oder waren Soldat geworden. Mit 87 Jahren hatte sie noch selber das Gewehr bedient, aber nun war ihr Augenlicht zu schlecht geworden und sie konnte das Ziel nicht mehr erkennen. Sie war auf die Hilfe ihres Sohnes angewiesen, der am nächsten bei ihr wohnte.

Es war ein schöner Spätsommerabend, der Mond lud zur Jagd auf Schwarzwild ein. Aber es war wie verhext, es sollte an diesem Abend keinen Braten geben. Wir schliefen in der Scheune, sahen, wie der Morgen graute, und zogen mit einem Kleinkaliber auf Bockjagd. Schnell war der erste Rehbock erlegt, und für den zweiten brauchten Wilhelm und ich nicht weit zu gehen. Bis zu 50 Meter pirschte er sich aufrecht gehend an den

Bock heran, hier zeigte er sein ganzes Können. Nachdem der zweite Bock erlegt war, sollte ich den nächsten schießen, aber es sollte nur ein Hase werden, den ich dann auch nach Hause tragen durfte.

Die Mutter wurde über die Anschussstellen informiert, spannte ihre beiden Ochsen vor den Wagen und zog mit ihrem Hund los. Wilhelm und ich nahmen nun ein Zugnetz, gingen zu einem im Wald gelegenen See, zogen einmal durch eine schilfreiche Ecke und der Fang füllte einen ganzen Rucksack mit Karauschen, Karpfen und Schleien.

Als wir gegen Mittag zu Hause ankamen, roch es schon von weitem nach Braten. Die Mutter hatte beide Böcke schon versorgt und für jeden von uns eine Leber gebraten, als Dank für unsere Hilfe.

Bevor wir wieder die Heimreise antraten, wurden die Gewehre geputzt und im Stroh versteckt. Zwei Trophäen hatte Wilhelm nun zu seinen 120 dazu bekommen, und die Mutter hatte genug Fleisch für den Winter im Topf.

Was aus ihr beim Einmarsch der Russen in Pommern geworden ist, konnten die Angehörigen nicht mehr erfahren. Sie war schon eine ungewöhnliche Frau, zog sieben Söhne in schwerster Not groß. Selbst wenn die Gesetze gegen sie waren, schaffte sie es immer, ihre Kinder satt zu bekommen. Gott hat das Wild für alle Menschen gemacht, und sie machte nur Gebrauch davon.

Wilhelm wäre auch ein guter Waidmann geworden. Dreimal hatte er versucht, den Jagdschein zu machen, konnte auch alle Fragen beantworten. Nur an der letzten Frage scheiterte er immer wieder, er wollte sie nicht beantworten. Sie lautete: »Wann ist der Führer geboren?«

Der Teufel stand dort Pate

Im Regakreis ein großer Kiefernwald,
darin stand eine alte Kate.
Im Dunkeln oft ein Schuss erschallt,
der Teufel stand dort Pate.

Sieben Brüder und ihr altes Mütterlein,
der Hunger war ihr täglich Gast,
die gaben sich hier ein Stelldichein,
kein Wandersmann machte gern hier Rast.

Das Haus erbaut mit festem Holz,
im Stall zwei Ochsen drin,
ein Führerhund ihr größter Stolz,
mit einem wildernden Sinn.

Zwanzig Morgen hatten sie urbar gemacht,
bestellt mit Rüben und Korn,
es reichte nicht für Brot und Tracht,
zu stillen ihren Hunger und Zorn.

Geputzt lag die Büchse im Stroh,
geschützt vor Jäger und Gendarm,
die Mutter wurde niemals froh,
ihre Söhne blieben hungrig und arm.

Sie hörten nicht ihr frommes Mahnen,
der Reiz war viel zu groß,
das Erlegte sie nach Hause tragen,
das Fieber lässt sie nimmer los.

Wurd auch der Wald so gut bewacht,
stets fanden sie eine Lücke.
Gott hat das Wild für alle erdacht,
in seiner großen Güte.

Sie scheuten nicht des Kerkers Grauen,
allein bei Wasser und Brot,
oft mussten sie durchs Gitter schauen,
fürchteten nicht Teufel noch Tod.

Es kam der Krieg mit seinem Leid,
es konnte kein Mann sich drücken,
sie zogen an das graue Kleid,
die Mutter konnt nimmer sie drücken.

So blieb allein das alte Mütterlein,
kein Wandersmann, kein Sohn ihr Gast,
wo sie begraben, weiß Gott allein,
der ihr genommen all die Last.

Trecks wurden von der Straße geschossen

Mit Gewehr und Munition beladen quälte ich mich von Stellung zu Stellung. Meinen Stahlhelm und die Gasmaske schmiss ich weg, nach dem Motto: »Was nützt dir ein Stahlhelm, wenn du einen Bauchschuss bekommst«. Schon Tage hatten wir kein warmes Essen erhalten, meine Verpflegung fand ich in den schönen pommerschen Kaminen der Bauernhäuser. Bei Einbruch der Dunkelheit machten die russischen Panzer Feierabend, für uns das Zeichen, ein wenig auszuruhen, Wunden zu pflegen, etwas essen und schlafen. Zusammengekauert unter dichten Tannen, das war nun mein Bett.

Um Mitternacht war die Ruhezeit vorbei, mühselig bauten wir im hart gefrorenen Boden neue Kampfstellungen aus oder griffen Panzeransammlungen an. Aber wenn der Morgen kam, brachte uns die Übermacht wieder zum Rückzug. Auf den Straßen herrschte ein Elend. Russische Flugzeuge bombardierten wenige Minuten vor uns die voll gestopften Dörfer und Straßen und richteten unter den Trecks ein grausames Blutbad an. Frauen,

Kinder, Greise und Pferde lagen blutend in den Trümmern, und oftmals hin noch eine unter Strom stehende Leitung dazwischen. Schwerverletzte flehten um einen Gnadenschuss, aber diese Bitten konnte ich nicht erfüllen. Um unsere heimatlichen Dörfer und Städte zu schonen, gingen wir auf Feldern und in Wäldern in Stellung. Trecks, die auf Straßen fuhren, wurden von russischen Panzern regelrecht von der Straße geschossen. Unsere Panzerfäuste hatten nur eine Reichweite von 100 Metern und waren auf freiem Schussfeld keine Gefahr für die Panzer.

Müde und mit Hass beladen überquerten wir die Oder und gingen in gut ausgebauten Erdbunkern bei Ziegenort am Haff in Stellung. Hier ließ es sich gut leben, eine Gulaschkanone sorgte für eine warme Mahlzeit und nach vierzehn Tagen wieder eine warme Strohpritsche zum Schlafen.

Meinen 19. Geburtstag verbrachte ich auf Vorposten auf einem im Fahrwasser auf Grund liegenden Zuckerdampfer aus Stettin. Ab und zu schlugen Kugeln an die Bordplanken, ihre Querschläger klangen wie ein Totenlied.

Meine Gedanken gingen über die Oder. Was wird wohl aus Ballenberg, meiner Mutter und meinen Geschwistern geworden sein, ob sie noch leben, und wo mögen sie jetzt sein? Wird es mein letzter Geburtstag sein, werden meine Angehörigen mein Grab finden oder wird mich eine Granate in Stücke reißen und nichts wird von mir zu finden sein? Das waren nun meine Sorgen, und zum ersten Mal nach meiner Konfirmation fanden sich meine Hände zu einem Gebet.

Eines Morgens war die Ruhe vorbei. Auf der Ostseite der Oder sammelten sich russische Schwimmfahrzeuge. Die letzte Schlacht um Pommern sollte nun beginnen und nicht weniger grausam als die Hinterpommerns sein. Ausgerüstet und mit neuer Kraft begann der Kampf in den Wäldern um Pölitz. Nach dem zweiten Kampftag schwanden die Hoffnungen dahin, Pommern noch retten zu können, es ging wieder weiter rückwärts. Und eingeschlossen war unser Bataillon auch. Nachts wagten wir mit Erfolg den Durchbruch, doch einen Tag später war der Kessel wieder zu. Hinter Deichen und bis zu den Knien im Wasser gelang es uns wieder, den Russen zu entkommen.

Über Anklam, Greifswald bis nach Stralsund reichte die Kampfkraft der ersten Marine-Division, dann begann der Kampf ums Überleben. Von Stralsund bis nach Warnemünde sollte es noch ein schwerer Weg sein. Noch ein drittes Mal entging ich einem Kessel, dann aber kam in Warnemünde das endgültige Aus.

Schwimmend erreichte ich die westliche Stromseite der Warnow im Hafen, um eine bessere Ausgangslage für die Flucht übers Meer zu haben. Tausende Menschen hatten sich am Strand gesammelt und suchten nach einer Gelegenheit, übers Meer zu flüchten, um den russischen Kampftruppen zu entgehen.

Hilflos und ohne Waffen musste ich zusehen, wie drei russische Panzer an der Kaimauer auffuhren und auf Menschen im Wasser und am Strand zu schießen begannen. Jede Panzergranate riss eine große Lücke in die Menschenmassen am Strand, und durchgehende Pferde sorgten für ein noch größeres Durcheinander. Dieses Elend konnte ich nicht mehr mit ansehen und sprang von der Kaimauer ins Wasser.

Dicht an der Mauer lag ein kleiner Hafenschlepper unter Dampf, traute sich aber nicht, abzulegen. Ich konnte den Kapitän überreden, an der Kaimauer entlang ins offene Meer zu fahren. Eilig packten wir Ballast um die Kajüte des Steuermanns, um Schutz gegen die russischen MP's zu haben. Vor den Panzerrohren brauchten wir uns so nahe nicht zu fürchten, da die Rohre nicht so tief hinunter gehen. Alles klappte gut, und nach 200 Metern war die erste Gefahr vorbei. Weiterfahren durften wir jetzt auch nicht, wir wollten den Abend abwarten.

Die russischen Panzer schossen immer noch auf die Menschen am Strand. Deutsche Torpedoboote ankerten auf Reede und mussten alles mit ansehen, aber warum schossen sie nicht auf die Panzer im Hafen? Ich besann mich jetzt wieder auf mein erlerntes Signalisieren und griff zwei Tücher. Hinter dem Schornstein des Bootes rief ich die Schiffe an und gleich kam mit dem Scheinwerfer das Zeichen »Verstanden, bitte kommen«. Nun setzte ich folgenden Hilferuf ab: »Warum schießt ihr nicht auf die russischen Panzer im Hafen? Nehmt bitte keine Rücksicht auf uns.« Der Scheinwerfer signalisierte sein »Verstanden« zurück, und nach drei Minuten donnerte die erste Salve über unsere Köpfe hinweg. Eilig drehten die Panzer um und fuhren mit Volldampf in die zweite Salve, und der Spuk war vorbei.

Wir nahmen noch schwimmende Menschen auf und fuhren den Schiffen entgegen. Ein Kabeldampfer nahm mich auf, und ich berichtete über die Lage im Hafen, dass bis zum nächsten Morgen keine Gefahr mehr bestünde und Tausende Verwundete am Strand und im Wasser lägen. Daraufhin begann eine große Rettungsaktion, die über die ganze Nacht anhielt und erst am frühen Morgen eingestellt wurde. Die Schiffe waren überfüllt mit Verletzten, Frauen und Kindern.

Das war nun mein letzter Kriegstag gewesen. Müde, hungrig und mit Dreck behaftet suchte ich mir eine warme Schlafstelle unter Deck. Als ich erwachte, waren wir weit aufs Meer in Richtung Flensburg unterwegs. Eine Bestandsaufnahme in Flensburg ergab, dass nur vier Soldaten der 1. Marine-Division durchgekommen waren.

Oftmals denke ich an die letzten schrecklichen Kriegswochen und ich weiß nicht, wie ich das alles ohne größeren Schaden überleben konnte. Hatte ich vielleicht einen Schutzengel? Irgendwann werde ich es erfahren.

Ich zog aus, um die Heimat zu retten,
unerfahren, mutig und treu.
Wollt nicht wissen die Heimat in Ketten,
bin hier so fremd, vom Leben scheu.

Generation der Gequälten

Nur wenige Familien hatten 1945 das Glück und durften rechtzeitig vor dem Feinde fliehen. Alle anderen ereilte das grausame Schicksal, von den Kampftruppen der Roten Armee überrollt zu werden und ihnen als Freiwild zu dienen. Grausam wurden Pommerns Menschen gequält, Frauen vergewaltigt, in den Tod getrieben. Durch Freitod entzogen sich viele junge Frauen diesen Höllenqualen. Kein Kreuz, kein Stein schmückt heute ihr Grab, zugedeckt mit Pommerns Erde ist das einzige, was man ihnen gab. Die pommersche Bevölkerung zahlte für die Sünden einzelner Fanatiker Tribut.

Mütter trugen die größte Last, stellten sich todesmutig vor den Feind und baten um Gnade. Schweigend ertrugen sie Hunger, Schmerzen, Kälte und Leid. Ihr Gesicht formte sich in Falten, ihr Leib war dünn und krank, oftmals trugen sie noch ein neues Leben unter dem Herzen. Der Tod war ihr ständiger Begleiter.

Selten ist ein Volk nach dem verlorenen Krieg so hart bestraft worden wie das der Pommern. Mit Wunden, Tränen und brutaler Gewalt vollzog sich die Vertreibung aus der Heimat. Junge Frauen wurden als Faustpfand nach Sibirien verschleppt, nur wenige kehrten nach Jahren geschunden zu ihren Angehörigen zurück. Was viele pommersche Generationen erschlossen und aufgebaut hatten, wurde in wenigen Jahren von einigen Besessenen verspielt.

Durch Fleiß, Ausdauer und Treue gewannen die Vertriebenen Pommerns im freien Westen Deutschlands Ansehen und wurden treue Verbündete eines demokratischen Deutschlands. Die Wunden sind nun bald verheilt, die Vergangenheit fast vergessen. Die Generation der Gequälten wird es bald nicht mehr geben.

Wünschen wir den Menschen, die heute nun in unserer Heimat leben, nicht so eine grausame Zeit. Mögen sie unsere pommersche Heimat vor Zerstörung schützen, sie lieben und allen Besuchern die Schönheit des Landes offen zeigen, damit sich noch viele Menschen daran erfreuen.

Traum eines Wanderers

Müde sinkt der Wandersmann
in einer Scheun' mit Stroh.
Er träumt, er wär ein reicher Mann,
doch wurd' sein Herz nicht froh.

Am Morgen, als die Sonn' aufging,
greift er zum Wanderstab.
Eine Last wie Blei am Körper hing,
der Traum ihm keine Ruhe gab.

Als der nächste Abend kam herbei,
sein Lager unter einer rauschenden Lind'.
Die Nacht blieb er von Träumen frei,
denn Luxus Träume nicht für Wanderer sind.

Wenn ich gestorben, lasst mich ruh'n
noch weite Wege muss ich geh'n.
Keine Trauer, kein Klagen sollt ihr tun,
wie schön, des Todes Reich zu seh'n.

Ungewissheit

Der grausame Krieg war vorbei. Zu Hause wartete die Mutter mit ihren acht Töchtern auf die Heimkehr ihres geliebten Gatten, auf drei Söhne, die Soldaten an der Front waren, und auf eine Tochter, die in Berlin täglich ums Überleben kämpfte.

Ein Sohn galt schon 1944 als vermisst, die Hoffnungen auf sein Leben standen schlecht. Im eigenen Haus war die Mutter mit ihren Töchtern zum Freiwild der Besatzungsmacht geworden. Ungewiss war das Leben. Hunger und Elend waren ihr täglicher Gast geworden. Angst und Sorge hatte die Mutter um ihre Kinder und ihren Ehemann.

Der Garten vorm Haus war verwüstet, bis auf einen Rosenstock war nichts stehen geblieben, und dieser Rosenstock stand eines Tages in voller Blüte. Als die Mutter die Blüten zählte, waren es dreizehn Stück. Nun wusste die Mutter, dass ihr Ehemann und alle Kinder den schrecklichen Krieg überlebt hatten. Mit Freude und neuer Kraft kämpfte sie nun täglich, um der Hölle im besetzten Pommern zu entrinnen. Im Juni 1946 wurde sie mit der Ausweisung in den Westen belohnt.

Wochen darauf konnte sie ihren Mann und alle Kinder in die Arme schließen, sogar der vermisste Sohn kehrte aus der Gefangenschaft zurück. Noch 34 Jahre konnte sie sich an ihren zwölf Kindern, 42 Enkeln und dreizehn Urenkeln erfreuen. Mit 83 Jahren und dem festen Glauben an Gott verließ sie diese Welt.

Gott der Herr hat eine treue Mutter von ihrem schweren Dienst erlöst. In ihrem Leben hat es keine getreue Dienerin gegeben.

Heimatlos

All meine Liebe, all meine Kraft
hat die Zeit dahingerafft.

Lieblos durch die Welt jetzt wandle,
finde nirgendwo ein ruhig' Ort,
heimatlos, so fern, mein Pommernlande
lebt es in meiner Erinnerung fort.

Pommern ist in mir

Meine Heimat hat mich so reichlich beschenkt, bevor wir scheiden mussten. Es war ein schönes Geschenk, in Pommern aufzuwachsen, im Land der blauen Seen mit großen Steinen und weißem Sand.

Ich spüre noch die Jahreszeiten an mir vorüberziehen, die Sonne hinter den Bergen untergehen und dunkle Wolken den Regen bringen. Sehe die ersten Stare ihre Brutkästen beziehen, Schwalben ihre Nester bauen und Kastanienbäume in voller Blüte stehen. Spüre noch den Duft von blühenden Wiesen und Feldern, den warmen Sommerwind durch den Kiefernwald ziehen, der Pfifferlinge unaufhaltsam wachsen ließ.

Höre noch die voll gepackten Erntewagen rumpelnd über das Kopfsteinpflaster fahren und Gänse um die herabgefallenen Ähren streiten. Traurigkeit, wenn große Scharen von Wildgänsen, Kranichen am Himmel auftauchten und weiter nach Süden zogen.

Der Winter kündigte sich an. Freude, wenn die ersten Schneeflocken leise auf die Erde fielen, die Saaten schützend zudeckten. Sternenklar wurden die Nächte, fallende Sternschnuppen erfüllten geheime Wünsche, und an manchen Tagen wollte es gar nicht hell werden.

Fühle noch den Winter mit seinen vielen Gesichtern. Herrlich, wenn er begann, schön dann und wann, grausam sein kalter Schmerz und glücklich, wenn taute sein Herz. Pommernland, ich hör dein Puls noch schlagen, hör noch deinen Jubelschrei, hör noch dein Klagen.

Die Heimat hat mir so viel gegeben,
Liebe Freude und Glück.
Jetzt muss ich ohne sie leben,
Vergangenes kehrt nie zurück.

Mein Pommernland

Gold und Silber hab ich nie besessen.
Gute Braten immer schnell gegessen.
Furcht und Angst hab ich nie gekannt,
doch immer geliebt mein Heimatland.

Schweiß und Tränen hab ich nie gemessen,
meine Träume schon bald vergessen.
Fürs Überleben bin ich weit gerannt.
Nun wird es still um mein Pommernland.

Ein Abschied ohne Tränen

Mit den Erinnerungen meines Abschieds vor 46 Jahren machte ich mich im Mai auf die Reise, um mein Heimatdorf Ballenberg noch einmal zu sehen.

Viele Jahre habe ich gewartet und nie die Hoffnung aufgegeben, doch noch diesen Tag zu erleben. Die vorausgegangenen Ereignisse in Polen und der DDR hatten es möglich gemacht, dass sich nun mein Wunsch erfüllen konnte. Mit dem PKW ging die Fahrt nach Österreich, ĈSFR nach Polen.

Nicht direkt führte die Reise nach Pommern. Noch eine Woche war ich Gast einer Krefelder Jagdgesellschaft in der wohl schönsten Gegend Polens und wohnte bei einer polnischen Familie. Täglich im Morgengrauen fuhren wir in die Berge, wanderten durch Wälder und Wiesen und angelten in den Flüssen San und Weichsel auf Forellen, Saiblinge und Ränken. Die Gastfreundschaft dieser polnischen Familie machte mir den Abschied schwer. Geschenke wurden ausgetauscht, mein Beitrag kam aus der mitgeführten Hausapotheke.

Sieben schöne Tage gingen zu Ende. Wir verabschiedeten uns herzlich von unserer Dolmetscherin. Freundlich und mit viel Geduld hatte sie uns begleitet, Behördengänge erledigt, die Millionen-Sloty-Kasse verwaltet und für unser Wohlergehen gesorgt. Auch wenn die Menschen hier noch so freundlich waren, wir mussten weiter, es waren ja noch acht Tage Urlaub im hohen Norden von Polen vorgesehen.

Nach einer Übernachtung in Lotsch bei einer polnischen Familie, deren Sorge und Hoffnung die Ausreise in ein westliches Land waren, fuhren wir weiter nach Warschau. Mit fünf Stunden Aufenthalt und Aufnahme eines neuen Dolmetschers, der uns noch die Sehenswürdigkeiten der Stadt zeigte, ging die Reise weiter nach Augustow, eine kleine Stadt an der Grenze zu Russland und Ostpreußen.

Hier wehte mir nun zum ersten Mal der warme Wind der Kiefernwälder entgegen. Diesen Duft kannte ich noch aus meiner pommerschen Heimat. Unser Dolmetscher begleitete uns drei Tage. Viele Polen sprachen deutsch und begleiteten uns nun auf Fahrten durch die Ostpreußische Seenplatte. Unverkennbar standen hier noch die alten deutschen Häuser aus Klinkersteinen mit ihren spitzen Dächern, die Fundamente mit großen Bruchsteinen gemauert. So werden sie noch viele Generationen Polen überleben.

Schöne alte Häuser mit Reetdächern fanden unsere Bewunderung und ein in Bruchsteinen gemauerter Bauernhof stand am Straßenrand wie eine feste Burg. Viele neu erbaute Häuser und Blockhütten standen leer, ihre Besitzer, ehemalige Regierungsbeamte aus Warschau, fanden nicht mehr den Mut, darin zu wohnen.

Eine schöne Woche ging zu Ende, ungern verließ ich mein schön ausgeschmücktes Zimmer. Wir nahmen Abschied von Augustow. Den Zweck meiner Reise hatte ich fast vergessen. Mit Geschenken beladen brachen wir im Morgengrauen auf, durchfuhren Ostpreußen in Richtung Elbing, überquerten die Weichsel und überfuhren bei Schneidemühl die pommersche Grenze. Mein Herz schlug nun schneller, am liebsten hätte ich einen lauten Schrei losgelassen. Eine Überraschung folgte der anderen. Die ersten Straßenschilder nach Köslin und Kolberg zeigten uns den Weg, langsamer wurde nun unsere Fahrt. Der Pommersche Höhenrücken mit den schönsten blauen Seen zeigte sich in einer Pracht, wie ich mein Pommern als Junge noch nicht gekannt hatte. Wie schön waren doch die Wälder, wenn auch der alte Baumbestand fehlte.

Je näher wir nach Belgard kamen, desto mehr wuchs meine Begeisterung über dieses Kleinod Pommern. Der Fahrer hatte alle Not, sich nicht von meiner Begeisterung anstecken zu lassen. Eifrig suchte ich nun die Abfahrt Belgard zu finden, um dann nach Woldisch-Tychow zu kommen. Doch mit den polnischen Ortsnamen hatte ich meine Schwierigkeiten und wir landeten in Groß Tychow. Ein neuer Anlauf wurde gemacht und plötzlich waren wir in Ristow. Jetzt brauchten wir nur noch die Straße nach Bad Polzin zu erwischen. Nun überfuhren wir die Persante bei Woldisch-Tychow und ich erkannte sofort die Wiesen im Persantegrund, auf der Anhöhe die Kirche des Ortes, in der ich 1940 von Pastor Bidder konfirmiert wurde.

Von acht Stunden Fahrt und vor Begeisterung hörte ich mein Herz schlagen. Die letzten drei Kilometer lagen vor mir. Auf halbem Wege passierten wir die Abfahrt nach Bergen, aber die Sicht zum Dorf war von Bäumen behindert, alles war so dicht zugewachsen. Meine Augen suchten nun den Friedhof am Waldesrand vorm Dorf, aber nur noch die kleine Leichenhalle lugte aus dem Gebüsch hervor. Im Schritttempo durchfuhren wir nun Ballenberg. Das Kopfsteinpflaster war noch dasselbe geblieben, einige Häuser fehlten und die Lücken waren zugewachsen.

Ich hatte noch nicht den Mut gefunden, vor meinem Elternhaus anzuhalten, und so durchfuhren wir Ballenberg in Richtung Groß-Rambin. An der Muglitzbrücke wendeten wir und fuhren zurück ins Dorf. Fünf Minuten mögen wir vorm Haus gestanden haben, als der jetzige Besitzer erschien und uns freundlich bat, den Wagen auf den Hof zu fahren und ins Haus zu kommen.

Bis hier vor die Haustüre war noch alles gut gegangen. Doch als ich den Fuß auf die Schwelle setzen wollte, versagten mir die Füße den Dienst und still rollten die ersten Tränen. Stumm verging eine Minute, dann hatte ich mich wieder unter Kontrolle und betrat durch den Hausflur die Küche.

Mein erster Blick ging zum alten Kachelherd, im Jahre 1935 erbaut. Hierauf hatte meine Mutter das Essen für ihre zwölf Kinder gekocht und oft vor leeren Töpfen gestanden. Heute nun kochte die Hausfrau für uns Kaffee und ließ das Wasser vor Aufregung gleich zweimal überkochen.

Lange wollte ich nicht bleiben. In Kolberg war schon ein Zimmer bestellt, doch ich hatte die Gastfreundschaft dieser polnischen Familie unterschätzt. Ich sollte wenigstens eine Nacht in meinem Jugendzimmer schlafen, das ich mir immer mit meinen beiden Brüdern teilen musste. So blieb ich eine Nacht hier und erlebte nach 46 Jahren einen Pommerschen Sternenhimmel im schönsten Schmuck. Bis in die Morgenstunden tauschten wir Erfahrungen über den Anbau von Feldfrüchten,

Korn und Kartoffeln aus. Jugendträume wurden wach, als ich zur nächtlichen Stunde einen Spaziergang durchs Dorf machte.

Am kommenden Morgen zeigte mir der Hausherr die Stallungen, Hof und Scheune. Alles war noch so vorhanden, wie ich es in Erinnerung hatte. Im Kuhstall flogen drei Schwalbenpaare ein und aus und fütterten ihre Jungen, es war, als wäre die Zeit stehen geblieben. Im Gemüsegarten stand noch einer von zehn Apfelbäumen, die ich zum zehnten Geburtstag von meinem Patenonkel bekommen hatte, im letzten Grün, als hätte er noch auf mein Kommen gewartet.

Eine Einladung, mit dem Traktor die Felder zu besichtigen, nahm ich dankbar an, doch bald schon stieg ich vom Traktor ab und ging zu Fuß über die Felder und durch Wälder. Die Wege waren ausgefahren und voller Schlaglöcher. Was war aus den schönen Feldwegen mit den Fuß- und Radwegen nach Zwirnitz, Strutzmin, Bolkow, Zarnafanz und Gaskow geworden. Wege endeten mitten in der Feldmark. Raine waren durch Zusammenlegung der Felder verschwunden. Kleine Teiche, worin ich als Junge so gerne gebadet und geangelt hatte, waren mit Buschwerk zugewachsen und ihre Ufer nicht mehr begehbar.

Es war mir nicht möglich, den Dohmgohrenberg zu durchstreifen, vertrocknete, umgefallene Bäume versperrten Wildpfade und vertraute Wege. Mit zwölf Jahren hatte ich noch mitgeholfen, diesen Berg zu bepflanzen, und heute ist ein Urwald daraus geworden. Lagerstätten und Spuren zeigten einen großen Wildbestand an, sogar in Gartennähe sprangen Rehe auf. Wilder Knoblauch wuchs noch wie früher an den Wegesrändern, wovon ich gleich ein paar in die Tasche steckte, um sie in meinem Garten in Köln anzupflanzen.

Unser schönes Schloss und vier weitere Häuser waren dem Erdboden gleichgemacht, Buschwerk versperrte jeden Zugang zu den Stätten. Die Kastanienbäume an der Dorfstraße waren noch größer geworden, doch die Bänke, die früher unter ihnen standen, worauf sich die älteren Dorfbewohner nach Feierabend und an den Sonntagnachmittagen ausruhten, waren nicht mehr. Ich fand aber um jedes Haus einen Zaun, dahinter oft bis zu drei bissige Hunde.

Ich suchte vieles vergebens. Mein Ballenberg hatte sich verändert. Schön war noch die Ahornallee nach Groß Rambin. In ihren Kronen flogen zur Herbstzeit immer große Schwärme von Buchfinken, um sich an den Samen ein Fettpolster für den Winter zu schaffen. Alles kam mir so klein und niedrig vor, unser Haus, die Zimmer, die Berge um Ballenberg hatte ich viel höher in Erinnerung, die Wege zu den Nachbardörfern viel weiter und die Teiche größer. Die Enttäuschungen erleichterten mir den Abschied aus meiner so geliebten Heimat. Es war nicht mehr mein Ballenberg.

Mit ein paar Scherben aus der Steinzeit, Blaubeersträuchern vom Dohmgohrenberg, einer Tasche voll Heimatboden trat ich die Heimreise nach Köln an. Ich verabschiedete mich von den neuen Besitzern, wünschte ihnen viel Glück und fuhr, ohne eine Träne zu vergießen, wieder Richtung Rheinland.

Jetzt erst habe ich meinen Heimatort endgültig verloren. Träume, die mich 46 Jahre begleiteten, sind erloschen.

Nun endlich habe ich meine innere Ruhe gefunden.

Ewig

Mein Heimatland am Ostseestrand,
nur dein Bild ist mir geblieben.
Blau und weiß dein Farbenband,
hab dich in mein Herz geschrieben.

Erklingt mein Lied in stiller Stund,
Tränen hab ich viel vergossen.
Heilen tut sehr schwer die Wund,
Kugeln haben das Band durchschossen.

Mein Heimatland am Oderstrand,
stolz lass ich dein Banner wehen.
Hab dein Pfand noch in der Hand,
schuldlos werd ich vorm Schöpfer stehen.

Abgebrannt und aus meinem Land vertrieben,
kann nicht ewig mich verwehren.
Mein Heimatland werd immer ich lieben,
Pommernland bleibt mein Begehren.

Heimatland, mein Heimathaus

Heimatland, mein Heimathaus,
schaut so oft die Mutter raus,
wohin hat dich der Schmerz getrieben.
Fand nicht hier, fand nicht dort,
fand jetzt Ruh am fremden Ort,
weit hat dich des Feindes Hass getrieben.

Heimatland, mein Heimathaus,
kam der Vater spät nach Haus,
brachte heim den goldnen Erntesegen.
Plagt sich früh bis abends spät
pflügt den Acker, eggt und sät,
Feindes Tat beendet früh sein Leben.

Heimatland, mein Heimathaus,
Störche flogen übers Haus,
Stare brachten froh die Frühlingskunde.
Blau und weiß der Seen Strand,
Schwalben flogen übers Land,
schwer der Abschied von der Liebsten Munde.

Heimatland, mein Heimathaus,
kehrt ich gern zu dir nach Haus,
lange blieb ich vor der Türe stehen.
Bringt kein Hoffen, bringt kein Glück
mir mein Elternhaus zurück,
fremde Menschen jetzt im Hause leben.

Heimatland, mein Heimathaus,
nahm ich Abschied von zu Haus,
seh die Tränen noch in Mutters Augen.
Schön das Land auf dieser Welt,
wohl bedacht vom Sternenzelt,
Heimatland kann man nicht rauben.

Heimatland, mein Heimathaus,
warst mein ein, warst mein aus,
gern wär ich im Elternhaus geblieben.
Grüße sende ich dir zu,
schlaf in stiller, stiller Ruh,
ewig wird mein Herz dich lieben.

Verloren

Wie ward es mir ums Herz so weh,
als ich mein Ersehntes wiedersah.
Vorm Heimathaus ich weinend steh,
die Tür zum Greifen nah.

Ich kannte noch den Apfelbaum,
auf dem die schönsten Früchte reiften,
hier hegte ich meinen Jugendtraum
und Hoffnungen in die Ferne schweiften.

Die Lieben sind nun alle fort,
vertrieben auf dem Friedhof begraben.
Wie fremd ist mir mein Heimatort,
bin scheu nach vielen Fragen.

So scheide ich sacht und still,
ein letzter Blick zur Kron empor,
Vergangen ist mein Jugendtraum,
mein Heimatland ich heut verlor.

Ende

Vom gleichen Autor ist außerdem erschienen:

Oskar Schrod:
Wer niemals Hunger litt

Oskar Schrod, geboren 1926 in Reddies, Pommern, war das fünfte von zwölf Kindern. Er berichtet über harte Hungerzeiten, die er als Kind erlebte, erzählt aber auch vom Leben auf dem Lande, schönen Landschaften und dem Dorfalltag.

Die Familie hat Glück: Alle überleben den Krieg, wenn auch mit schlimmen Erlebnissen. Im Westen fängt die Familie von vorne an.

Prägend war für Oskar Schrod aber seine Kindheit und Jugend in Pommern, die ihn nie den Wert eines Brotes vergessen ließ.

Oskar Schrod
Wer niemals Hunger litt

BellaVista-Verlag
ISBN 3-937617-06-X
178 Seiten, Taschenbuch
14,40 €

Erhältlich im Buchhandel oder beim Verlag unter
Tel. 040 - 27 88 28 52

Im BellaVista-Verlag ist außerdem erschienen:

Hilda Lentz:
Ostpreußen unvergessen

Hilda Lentz erzählt uns aus ihrem Leben als Kind in Ostpreußen. Es sind Geschichten aus dem Alltag, die uns den ostpreußischen Menschenschlag näher bringen, mit seinen Charaktereigenschaften und liebenswerten menschlichen Schwächen.

Sie berichtet stellvertretend für viele Menschen einer Generation, die durch den Krieg nicht nur der Heimat beraubt wurden, sondern auch vieler persönlicher Träume.

Hilda Lentz
Ostpreußen unvergessen
BellaVista-Verlag
ISBN 3-937617-01-9
Hardcover, 196 Seiten
18,90 €

Erhältlich im Buchhandel oder beim Verlag unter
Tel. 040 - 27 88 28 52

Ulrich Bulgrin:
... doch die Sehnsucht bleibt

»Wer die Vergangenheit ablehnt und nichts davon für sein Leben herauspickt, scheitert an der Lebensaufgabe«, schreibt Ulrich Bulgrin. Für ihn ist Heimat die erste Stufe des Menschseins.

Der Autor nimmt den Leser mit auf die Reise durch sein bewegtes Leben – ein Leben, in dem die Sehnsucht nach der Heimat Pommern ihn nie verlassen hat.

Ulrich Bulgrin
... doch die Sehnsucht bleibt
Erinnerungen eines Pommern

Großdruck
472 Seiten, gebunden
zahlreiche Abb.
24,90 €

Nur erhältlich beim Verlag unter
Tel. 040 – 27 88 28 52

Charlotte Rüttinger:
Die blaue Stunde

»Vor jedem Anfang steht ein Ende«, schreibt Charlotte Rüttinger. Dieser Satz könnte das Lebensmotto der Autorin sein, denn oft genug musste sie wieder von vorn anfangen. Sie schreibt über Verzweiflung, aber auch von Hoffnung und den Chancen des Neubeginns.

Charlotte Rüttinger ist eine sensible Beobachterin. Sie sieht die kleinen Gesten, die menschlichen Augenblicke. Denn es sind oft die kleinen Geschichten, in denen sich eine ganze Welt verbirgt.

Charlotte Rüttinger
Die blaue Stunde

BellaVista-Verlag
ISBN 3-937617-05-1
84 Seiten, gebunden
14,40 €

Erhältlich im Buchhandel oder beim Verlag unter
Tel. 040 - 27 88 28 52